불교수행법

불교수행법

김방룡 · 지음

민족사

책 머리에

모든 종교의 알맹이는 신앙과 수행이다. 신앙의 대상으로 절대자인 신(神)을 섬기거나 혹은 절대자가 아닌 자연(自然)이나 마음을 대상으로 하거나 간에 공통적인 것은 '그 무엇에 대한 믿음[信]'을 통하여 종교는 성립된다. 믿음이란 거듭남이다. 소아(小我)의 삶의 굴레 혹은 허망으로 존재하고 있는 세계의 굴레를 벗어버리고, 대아(大我)로서의 삶의 방식 혹은 진리와 세계에 대한 인식을 가능하게 한다.

그 새로운 세계에 들어가는 방법이 바로 수행이다. 종교란 결국 수행을 통하여 거듭난 삶을 가능하게 하는 것이다. 자기 안에 있는 신성(神性)을 발견하고, 자기 안에 있는 영성(靈性)을 개발하고, 자기 안에 있는 참된 자아를 발견하고자 하는 것이 수행이다.

신앙과 수행은 둘이 아니다. 어느 종교이든 신앙의 길에 들어선 자는 수행을 하게 되고 수행을 통하여 진정한 신앙을 확인하는 것이다. 새가 알을 깨고 나와야 비로소 비상할 수 있는 것처럼 진정한 종교인이란 내 안에서 근본적인 변화가 일어나야 한다. 그리하여 안과 밖의 온전한 의사소통이 이루어지고 영혼의 평안과 자유가 느껴져야 하는 것이다.

종교인이 수행에 대해 지극한 관심을 보이는 것은 너무 당연하고 자연스러운 일이다. '수행자'는 우리와는 다른 존재로서 일상적인 삶을 버리고 고독하게 길을 걸어가는 자들이라는 생각을 떨쳐버려야 한다. 종교인이라면 당연히 수행자이다. 수행을 통하여 깨달음에 이르는 것이지만 어쩌면 수행에 몰입하고 있는 바로 그 순간이 깨달음의 경지인지도 모른다. 그러므로 불자가 불교수행에 관심을 가지게 되는 것은 자연스러운 현상이다.

"역설적이긴 하지만, 서양 과학문명을 따라잡기 위해 최대한 노력을 경주하고 있는 동양의 지식인들보다 서양인들한테 선(禪)이 더 큰 영향을 주고 있다. 실제로 선의 정신은 서양 사상가의 선두주자들에게 상당히 깊이 침투해 들어갔으며, 머지않아 거꾸로 동양에 영향을 미칠 날이 올 것이다."

1967년 오경웅(吳經熊)이 저술한 《선의 황금시대》에 나오는 말이다. 그의 예언처럼 20세기 후반 서양에서는 선뿐만 아니라 동양의 많은 수행법들이 크게 영향을 미쳤고, 그 바람이 역으로 동양을 강타했다. 많은 서양의 지식인들이 인도와 태국, 미얀마, 스리랑카 혹은 티베트와 일본 그리고 우리나라를 찾았다. 스승과 수행법을 체험하기 위하여 세계를 누비는 사람들을 보는 것은 이제 낯선 일이 아니다. 바야흐로 수행의 시대가 온 것이다.

불(佛) · 법(法) · 승(僧) 삼보 중에서, 승(僧)이란 흔히 스님만으로 국한하여 생각하기 쉽지만 대승불교에 있어서는 승단 전체를 의미한다. 즉 비구 · 비구니 · 우바새 · 우바이의 사부대중으로 구성된 것이 승단이며, 이러한 승단의 가장 큰 존재 이유는 수행공동체라는 데 있다. 부처님의 가르침에 따라 진리를 체득하고 사부대중 모두가 부처가 되려는 목표를 분명히 할 때, 수행이란 그 중심적인 문제로 떠오른다. 한국불교가 기복적인 관심에서 교학적인 관심으로 옮겨가고, 드디어 교학적인 관심에서 수행의 문제로 관심이 옮겨가고 있음은 반가운 일이다.

현재 불교계와 그 주변에는 많은 수행법이 난립해 있고, 수많은 사람들이 유행처럼 이런 저런 수행법을 따라 몰리고 있다. 최근에 들어서야 조계종을 위시하여 각 종단들이 자신들의 종지종풍에 맞는 수행법을 내놓으려는 본격적인 움직임을 보이고 있다. 재가불자와 일반인들의 수행에 대한 요구에 부응하려는 움직임이라 할 수 있다. 그러나 몇몇 종단을 제외하고는 자신의 종지종풍에 맞는 수행법을 체계화하고 있지 못한 것이 현실이다.

언제부터인가 신도들 사이에서 여기저기 수행법을 찾아다니는 '수행의 바람'이 유행처럼 번지고 있다. 이를 우려하는 사람들도 많이 있다. 그들이 진정으로 발심이 이루어지지 않은 상태에서 단시일에 수련하여 빨리 깨침을 얻으려는 것은 우물에서 숭늉을 찾는 격이며, 마음속의 번뇌를 끊지 못하고 건강과 신비현상을 좇는 것은 신기루를 좇는 것에 불과하다고 말할 수 있다. 설사 그렇더라도 이러한 수행의 바람은 좋은 것이다. 새로운 바람은 일시적인 혼란을 통하여 새로운 기운을 불어넣으며, 또한 변화를 통하여 새로운 질서를 만들어내기 때문이다.

한국불교 변화의 실체는 '세대교체'와 '재가불교'의 두 가지이다. 그 동안 한국불교계의 중심이었던 세대가 연로해지고 이제 신교육을 받은 세대가 불교계의 중심으로 떠오르면서 직접 체험을 하고 싶다는 수행의 문제가 표면적인 욕구로 드러나고 있다. 또한 수행이 승가의 전유물이라거나 사찰이나 선방에서만 수행이 가능하다는 생각에서, 재가 불자 역시 수행의 주체이며 가정과 직장 또한 수행의 장소라는 인식의 전환이 나타나고 있는 것이다.

이미 '불교수행법의 대중화'는 한국불교계의 거스를 수 없는 흐름으로 자리잡고 있다. 최근 한국불교의 대표적인 수행법인 '간화선'에 대한 법회와 논강, 학술대회 등에 수많은 사람들이 동참하고 있다는 사실이 그 흐름을 여실히 보여 주고 있다.

이 책은 이러한 움직임에 발맞추어 교계 신문에 〈김방룡의 불교수행법 따라잡기〉라는 제목으로 연재했던 내용의 미비한 부분들을 보완하여 엮은 것이다. 따라서 딱딱하고 어렵게 쓴 전문적인 학술서가 아니라, 불자대중들에게 불교수행법의 핵심적인 문제만을 뽑아 소개하고 있는 것이 이 책의 특징이다. 다만 수행에 전념하고 있는 수행자의 입장이 아닌 학문을 하는 학자로서 가지는 한계를 벗어나지 못하여 각 수행법의 교학적인 근거와 수행법의 내적 논리를 따져 설명하려는 시도를 하고 있는 것도 또 하나의 특징이라 할 수 있다.

이 책에서 소개하고 있는 수행법은 조사선·간화선·지관 수행·위빠사나 수행·간경 수행·계율과 참회 수행·염불 수행·절 수행·주력 수행·사경 수행·사불 수행 등이다. 역사적으로 한국불교계의 주된 수행법으로 자리잡고 있거나 현재 새롭게 시도되고 있는 대표적인 수행법을 그 대상으로 한 것이다.

이 책이 불교수행에 관심을 가지고 본격적인 수행을 하고픈 사람들에게 대표적인 불교수행법을 조망하게 하고 구체적인 수행에 들어가게 하는 징검다리 역할이나마 할 수 있기를 기대한다. 따라서 이 책에서는 "이러한 수행법의 특징이 무엇이고, 그 교학적인 근거는 무엇이며, 누구에 의하여 체계화되었고, 현재 어느 곳에서 어떠한 방식으로 수행하고 있는 것인가?" 아울러 "각 수행법이 가진 장단점과 다른 수행과의 연관성은 무엇일까?" 하는 문제를 스스로 제기하고, 여기에 대한 설명과 안내를 하고자 하였다.

우리가 높은 산의 정상을 오르기 위해서는 어느 코스를 선택할 것인가도 중요하지만, 등산 장비에 대한 철저한 점검과 평소 체력을 기르는 일 또한 중요하다. 불교수행도 마찬가지이다. 다양한 등산로가 있는 것처럼 수행법도 다양한 것이 있을 수 있다는 개방적인 태도가 필요하다. 여러 등산로를 소개하고 각 코스마다의 특징과 장단점을 분석하여 알려주는 것이 아마도 필자의 임무인 것 같다.

그러나 어느 산을 등산하고 있는지와 꼭 준비해야 할 장비가 무엇인지를 점검하고 꼼꼼히 챙기는 것은 독자의 몫이다. 불교수행법을 실천하기 위해서는 우선 진정한 '발심(發心)'이 있어야 한다. 그리고 '불교'와 '불교 아님'을 구별할 수 있는 교학적 안목을 지녀야 한다. 그 판별 기준은 '부처님이 제시한 연기법, 중도법, 무아, 공의 진리에 도달하게 하는가?' 그리고 '깨침을 통하여 동체자비를 실천하게 하는가?' 등이라고 생각한다. 모쪼록 불교수행에 관심을 가진 사람들에게 자그마한 도움이라도 주었으면 하는 바람뿐이다.

유성 연구실에서 저자

책머리에   4

선 수행 1 - 조사선
- 한국선의 시작   15
- 본래성불과 명안종사   19
- 조사선과 간화선   24

선 수행 2 - 간화선
- 화두, 견성 위해 뚫어야 할 관문   29
- 一선원 二명안종사   33
- 한국선의 법맥과 간화선   38
- 간화선 수행의 생활화   43

선 수행 3 - 지관 수행
- 선 사상 이해할 상호보완적 수행   48
- 삼종지관과 십승관법   52

위빠사나 수행 1
- 위빠사나의 원리   60

위빠사나 수행 2
- 마하시와 고엔카의 위빠사나 수행법   66

위빠사나 수행 3
- 위빠사나와 간화선의 차이   76

간경 수행 1	• 간경 수행의 의미와 정의	81
간경 수행 2	• 경전의 선택과 《금강경》의 공덕	86
간경 수행 3	• 간경의 수행 체계	93
계율과 참회 수행 1	• 삼학과 팔정도	98
계율과 참회 수행 2	• 포살과 자자	103
계율과 참회 수행 3	• 보살계와 청규	108
계율과 참회 수행 4	• 현대 불자의 계율과 참회	113
염불 수행 1	• 보살의 원력, 실천 강조한 대승불교 수행법	118
염불 수행 2	• 염불 수행, 의식과 방법 제대로 익히고 행하자	123
염불 수행 3	• 염불결사(念佛結社)	128
염불 수행 4	• 자심미타(自心彌陀), 유심정토(唯心淨土)	133
염불 화두선	• 염불과 간화선의 만남	138
절 수행 1	• 몸과 마음을 함께 닦는 수행법	143
절 수행 2	• 절 수행법의 체계화와 티베트불교	148
절 수행 3	• 절 수행법의 현대적 체계화	153
절 수행 4	• 절 수행과 성불(成佛)의 문제	158

주력 수행 1 ● 주력 수행의 원천은 주문(呪文)의 초월적인 힘 163

주력 수행 2 ● 주력 수행의 역사적 흐름 168

주력 수행 3 ● 주력 수행의 절차와 방법 173

주력 수행 4 ● 주력 수행에 나타나는 이적과 깨달음의 문제 178

사경 수행 1 ● 수행으로써 사경이 지니는 의미 183

사경 수행 2 ● 사경 수행의 의식 절차 188

사불 수행 ● 사불 수행의 방법과 의의 193

불교 상담 ● 현대 불교대중화의 새로운 시도 198

후기 204

修行法

선 수행1 - 조사선

한국선의 시작

한국의 대표적인 수행법은 역시 선(禪)이라 할 수 있다. 통일신라 말기에 중국으로부터 들어온 선은 한국불교의 주된 수행법으로 자리 잡았다. 소위 구산선문(九山禪門)이 나말여초에 정착하면서 한국불교계에 선이 중심적인 위치에 서게 된다. 구산선문을 연 개산조들은 목숨을 걸고 중국에 건너가 대개 20여 년 넘게 유학한 분들이었다. 그리고 그들이 들여온 선은 다름 아닌 조사선(祖師禪)이었다.

최초로 조사선을 들여온 도의 국사는 37년 동안 중국에 있었으며, 이 기간 동안 오대산의 문수보살을 친견하기도 하고, 화엄사찰인 보단사에 체류하면서 화엄에 심취하기도 하였다. 그러나 도의 국사는 당시 중국에서 유행한 선(禪)에 매료되어 조사선을 크게 일으킨 마조(馬祖)의 수제자인 서당(西堂)으로부터 심인(心印)을 얻고서 신라에 돌아오게 된다. 당시 신라의 불교계는 도의 국사가 들여온 선(禪)을 헛된 소리라 하여 중히 여기지 않았다. '마조의 조사선풍을 들여와 무위임운(無爲任運)의 가르침을 폈다'고 알려진 도의 국사의 선풍(禪風)은 비록 당대에는 받아들여지지 않았지만, 이후 그의 법을 계승한 체징에 의하여 가지산문이 개산됨으로써 선이 한국불교의 가장 중요한 수행법으로 정착하는 데 결정적으로 기여하였다.

　구산선문의 개산은 중국의 조사선의 맥이 끊어지는 위기 속에서 우리나라로 정법(正法)이 흘러들어왔음을 의미한다는 사실을 상기해야 한다. 마조 스님 이후 중국의 불교계는 '회창법난'으로 일컬어지는 대대적인 탄압 속에서 절체절명(絶體絶命)의 위기에 처하게 된다. 마조의 제자들이 택한 방법 중의 하나가 바로 우리나라의 유학승들에게 법을 전하여 위기를 모면하는 것이었다. 성주산문의 개산조인 무염 국사는 마조 스님의 제자인 마곡 보철로부터 선법(禪法)을 이어받아 왔는데, 그에게 법을 전한 마곡은 조사선의 전통이 우리나라로 건너가게 됨을, "대법(大法)이 동(東)으로 흐른다는 말은 일찍이 예언에서 나왔다. … 이제 인가하여 너로 하여금 신라에서 선사(禪師)로서는 으뜸가게 할 것이니 신라로 돌아가서 법을 펴라. 지금의 나는 강서 마조의 대아(大兒)이지만, 뒷날에는 너로 인하여 해동(海東)의 대부(大父)가 될 것이니 부끄러울 것이 없으리라."라고 술회하였다. 이러한 마곡의 예언대로 구산선문에 의하여 정착된 조사선은 우리나라에서 크게 흥행하게 됐다.

한국선의 모체 조사선

결국 한국선의 시원은 '평상심(平常心)이 곧 도(道)'라고 주장하였던 마조의 조사선(祖師禪)으로부터 비롯되었다고 할 수 있다. 조사선의 수행 방법의 핵심은 '직지인심(直指人心) 견성성불(見性成佛)'이다. 부처가 되는 길은 본래 성품을 보는 것, 즉 견성(見性)에 있다. 그리고 그 견성하는 것은 오랜 수행을 통하여 이루어지는 것이 아니라 갑자기 깨치게 되는 것, 즉 돈오(頓悟)임을 강조한다.

조사선에 있어서 스승으로서 조사(祖師)의 지위는 절대적이다. 불조(佛祖) 혹은 조불(祖佛)이라는 말을 통하여 알 수 있듯이 부처님과 똑같은 지위를 조사들은 지니고 있다. 부처란 바로 '깨달은 자'이고, 조사란 부처님이 깨달은 그 마음을 이심전심(以心傳心)을 통하여 계승한 자일뿐만 아니라, 그 또한 '깨달은 자'이기 때문이다. 이러한 조사의 출현이야말로 조사선이 성립할 수 있는 근본 전제이다.

그렇다면 조사선은 어떻게 수행하는 것인가? 수행자의 입장에서 보자면 제일 먼저 깨달음에 대한 발심(發心)이 이루어져야 한다. 진정한 발심이 되지 않은 상태에서 수행은 무의미하다. 진정으로 발심이 된 상태에서 선지식을 찾아가 묻는 참문(參問)을 하게 된다. 선지식이 상당설법을 하는 경우에 그 장소에서 참문하기도 하고, 직접 선지식을 방문하여 가르침을 구하기도 한다. 이때 수행자는 그 근기에 따라 선지식의 가르침에 의해 바로 깨닫는 자도 있지만, 대개 혼란만 가중되어 더욱 답답한 상태에 빠지게 된다. 이러한 상태에서 선지식의 가르침을 깨닫기 위하여 노력하는 과정이 참구(參究)의 과정이다. 선지식의 가르침에 의문을 품고 있다가 어느 순간 깨달음을 얻게 되면 다시 선지식을 찾아가 인가(印可)를 구하게 된다. 선지식은 찾아온 제자에게 깨달음의 정도를 확인하기 위하여 다시 질문을 던지고, 궁극적인 깨달음을 얻은 것이 확인이 되면 인가를 내리고, 만약 그렇지 못한 경우에는 다시 여러 방편을 동원하여 깨닫도록 자극을 주게 된다.

눈밝은 선승의 역할

이렇게 깨달음을 확인하는 것을 감변(勘辨)이라 한다. 감변의 과정을 통하여 깨치지 못한 수행자는 다시 참구의 과정을 계속하는 것이다. 감변의 주체는 눈밝은 선지식인 명안종사이다. 진정으로 깨달음을 얻은 스승이라야 제자들의 깨달음의 여부를 정확히 판별해 줄 수 있기 때문이다.

조사들이 제자들을 지도하는 방법에는 일정한 형식이 있을 수 없다. 일상적인 언어를 뛰어넘는 것은 물론이고 고함이나 몽둥이질, 심지어 제자의 손가락을 자르기까지 한다. 모두 제자들을 깨닫게 하기 위한 자상하고 적극적인 지도법이다. 부처님께서 팔만사천의 법문을 설한 것은 모든 근기의 사람들 눈높이에 맞게 다양한 가르침을 주어 깨달음으로 인도하기 위한 것이라면, 선이란 스승이 제자와 독대한 자리에서 곧장 깨달음의 세계로 들어오게 하는 방법이라 할 수 있다. 이때 스승의 지도방법에는 일정한 규칙이 정해져 있지 않다. 조사선을 격외선(格外禪)이라 말하는 것은 일정한 격식, 일상적인 형식을 뛰어 넘는 살아있는 선이기 때문이다.

본래성불과 명안종사

조사선이란 어떤 선인가

조사선이란 중국에서 선(禪)이 본격적으로 발달하면서 형성된 것이다. 즉 이전의 선(禪)을 여래선이라 칭하는 반면, 마하가섭 이래 역대 조사들에 의하여 이심전심(以心傳心)으로 전하여 온 선을 조사선이라 한 것이다. 즉 인도의 28대 조사이자 중국선의 초조인 달마 선사로부터 2조 혜가(慧可), 3조 승찬(僧璨), 4조 도신(道信), 5조 홍인(弘忍), 6조 혜능(慧能)까지 선이 면면히 계승되는데, 인도 마하가섭으로부터 중국의 혜능까지 모두 33분이기에 33조사, 혹은 '삽삼조사'라 하는 것이다.

이러한 조사선의 전승과 우월의식을 공유한 형태는 혜능 이후 마조 도일과 석두 희천에 의하여 크게 발전한 남종선이며, 조사선이란 바로 남종선의 특징인 것이다. 후대 조동종의 대표적 선법인 묵조선과 임제종의 대표적 선법인 간화선 또한 조사선의 흐름 속에서 발생한 것이며, 조사선과 본질적으로 다른 것이 아니다.

그렇다면 조사선의 특징은 무엇일까?

일상생활 속에서 참선을 잘하던 사람들 가운데 선(禪)이 무엇인지 이해하려는 생각에서 《조사어록》을 읽어 보고 난 후, 오히려 선(禪)으로부터 멀어지는 경우가 종종 있다. 어록에 나온 선사들 간의 대화를 아무리 이해하려 해도 이해가 되지 않기 때문이다.

그러나 그것은 당연한 현상이다. 왜냐하면 선은 이해할 수 있는 것이 아니기 때문이다. 이해하려는 순간 오히려 선과는 멀어지게 되는 것이다. 왜냐하면 선(禪)은 말의 길과 생각의 길이 끊어진 세계이며, 어록에서는 그것을 표현하고 있기 때문이다. 분별과 사량이 끊어진 세계는 체험을 통해서만 들어갈 수 있다.

사람은 누구나 본래부처다

선 수행을 통하여 부처가 될 수 있는 것은 '본래성
불(本來成佛)'의 입장에 있기 때문이다. 즉 조사선에서는 '사람은 누
구나 본래 부처다'라고 본다. 중생의 마음이 따로 있고 부처의 마음
이 따로 있는 것이 아니다. 번뇌의 성품이 따로 있고 보리의 성품이
따로 있는 것도 아니다. 중생이 곧 부처요, 번뇌가 곧 보리이다. 중
생과 부처를 상대적이고 대립적으로 보는 것이 아니라 중생 그대로
가 부처이다.

'내가 본래 부처인데 그것을 어떻게 체험할 수 있는가' 하는 것이
문제이다. 더군다나 체험할 수 있는 특별한 도구도 없다. 깎아지른
절벽 위를 오르려 하는데 아무런 사다리가 없는 것이다. 어떻게 다가
가야 하는지 특별한 수행의 방법을 제시하지 않는 것이 조사선의 특
징이다. 그렇지만 그 하나의 관문만 통과하면 자신의 본래면목을 찾
아 대 자유인이 될 수 있다는 데에 조사선의 매력이 있다. 무문 혜개
선사가《무문관》의 서문에서, "대도(大道)는 특별한 문(門)이 없다.
그렇지만 천 갈래의 길이 있다. 이 관문을 뚫고 나가면 온 천하를 당
당히 걸으리라."라고 한 말에서 알 수 있듯이 이 조사의 관문을 타파

해야 하는 것이다.

헤르만 헤세의 《데미안》이란 소설에 '알을 깬 새'의 비유가 나온다. 새는 자유의 상징이다. 그러나 새가 자유롭기 위해서는 알을 깨고 나와야 한다. 인간도 마찬가지이다. 본래 부처인 인간이 인간다움을 찾기 위해서는 무명(無明)의 알을 깨고 나와야 한다. 알을 깨고 자유로운 새로 거듭나기 위해서는 무엇이 필요할까?

《벽암록》에는 경청(鏡淸) 선사가 줄탁동시의 방법으로 후학을 지도한 내용이 있다. '줄'이란 병아리가 부화되려 할 때 알 속에서 '톡톡' 쪼는 소리를 말하며, '탁'이란 어미닭이 병아리를 부화시키려고 껍질을 쪼는 소리를 말한다. 병아리의 '줄'과 어미닭의 '탁'이 동시에 일어나야만 병아리가 새로운 세계를 경험할 수 있는 것이다. 어미닭은 스승이고 병아리는 제자이다. 스승과 제자가 어미닭과 병아리의 관계처럼 밀접한 것이 조사선의 특징이다. 이처럼 일정한 형식이 없는 격외선이지만, 스승과 제자 간의 철저한 애정과 신뢰가 내면에 흐르고 있는 것이 조사선의 또 다른 모습이다.

눈밝은 선지식

오늘날 한국의 선은 조사선의 전통을 이어오고는 있지만, 조사선의 선풍이 활발발하게 드날리고 있다고 단언하기는 힘들다. 조사선의 선풍이 살아나기 위해서 전제되어야 하는 것이 '눈밝은 선지식'의 존재이다. '명안종사'가 우리 주위에 있어야만 한다. 진정으로 발심한 사람이라면 누구나 눈밝은 선지식을 찾아 참문(參問)을 하고, 점검을 받고, 나아가 인가를 받을 수 있는 길이 열려 있어야 하는 것이다.

'눈밝은 선지식'이 없는 조사선이란 성립할 수가 없다. 한국 근대선의 선풍이 다시 되살아나게 된 것은 경허 스님과 용성 스님, 만공 스님, 효봉 스님, 청담 스님, 성철 스님 등 철저한 수행에 의한 눈밝은 선지식들이 출현했기에 가능하였다. 경허 선사의 오도송(悟道頌)에는 "사방을 돌아보아도 사람이 없어 의발을 누구에게 전하랴, 의발을 누구에게 전하랴."라는 구절이 보인다. 자신이 체험한 세계가 정말 깨침의 경지인가를 인가받기 위해 눈밝은 선지식을 얼마나 애타게 찾았는지, 또 자신의 깨침의 경지를 앞으로 누구에게 전할 것인가 하는 선사의 애절한 고뇌를 느끼게 해 주는 대목이다.

중국에서 조사선이 부흥한 시기에는 수많은 조사들이 출현하였다. 눈밝은 명안종사가 있어야만 선은 부흥할 수 있는 것이다. 어쩌면 지금 우리 불자들은 "누구에게 참문을 해야 할 것인가" "누구에게 점검과 인가를 받아야 할 것인가" 하고 목말라 있는 것은 아닐까?

조사선과 간화선

조사선과 간화선의 차이 – 조사선의 특징

"조사선과 간화선은 같은 것인가, 다른 것인가?"
이 문제는 선(禪) 수행에 관심 있는 사람이라면 반드시 물어보는 질문이다. 선을 직접 수행하는 수좌나 선을 전공한다는 학자들에게 물어보아도 그 답이 제각각이다. 여러 사람에게 물어볼수록 오히려 혼란만 가져온다.

조사선과 간화선은 분명 같은 점이 있고 다른 점이 있다. 같은 점이란 모두 선이라는 이름을 가지고 있으니 선이라는 측면에서 보면 그 특징과 속성이 같은 것이다. 그러나 조사와 간화라는 수식어가 달리 붙어 있는 것을 보아서 알 수 있듯이 그 수행법의 내용에 있어서는 분명 다른 것이다.

선에 대한 대표적인 저술 중의 하나인《선원제전집도서》에서는 교(敎)와 선(禪)의 분명한 차이점에 대하여 선명하게 설명해 놓고 있다. 즉 교란 부처님께서 모든 사람의 근기에 맞추어 법을 설명하고 있는 것이며, 따라서 팔만사천의 법문이 나오게 된 것이다. 선이란 그때 그곳에서 스승이 제자를 깨달음에 이르도록 하는 것이 목적이기 때문에 법에 대한 논리적인 설명을 하지 않는다. 오히려 제자가 질문해 올 때 반대로 다시 의문을 던지거나 심한 경우 몽둥이질까지 서슴지 않는다고 말한다.

이처럼 선이란 스승(깨달은 자)과 제자(깨닫지 못한 자) 간의 직접적인 대면을 통해서 성립하였다. 이러한 특징을 그대로 가지고 있는 것이 바로 조사선이다. 조사선에서 조사란 바로 스승이고 깨달은 자이다. 이들은 다양한 방법으로 제자들과의 1대 1 만남 속에서 제자들을 지도하였다. 마조 이후 출현하였던 기라성 같은 선사들은 그들의 기량을 맘껏 발휘하여 다양한 방법으로 제자들을 깨달음의 세계로 이끌었다. 현장성, 긴박함, 치열함 속에서 언어나 논리가 아닌 몽둥이질과 소리를 지르는 등의 다양한 방법이 나타나게 된다.

문제는 시간이 지나면서 이 조사선의 생명력이 변질되고 퇴색된 것이다. 깨닫지 못하거나 그 경지가 낮은 사람들이 조사들의 흉내를 내고 기이한 행동을 함으로써 제자들을 깨달음의 세계로 인도하지 못하게 된 것이다. 조사선의 전통을 그대로 이어받은 것은 간화선이 아니라 오히려 묵조선이라 할 수 있다. 묵조선에 대하여 반기를 들고 비판을 하면서 등장한 것이 간화선이다. 간화선이란 기존의 조사선의 전통이 제대로 살아있을 때 스승과 제자 간에 이루어졌던 선문답만이 의미가 있고, 당시 깨닫지 못한 선사들 간의 선문답은 의미가 없는 것으로 간주했다.

조사선과 간화선의 차이 - 간화선의 특징

간화선의 출현은 진정한 조사들이 출현하지 않고 선사들 간의 선문답도 형식화되고 옛날 선사들의 흉내나 내는 상황 속에서 그것을 부정하면서 생명력을 되찾으려는 움직임 속에서 출현한 새로운 선 수행방법이라 할 수 있다.

선 수행에 있어서 제자들이 수행 중에 의문을 가지게 되면 스승은 그에 대하여 논리적인 답을 주는 것이 아니라, 오히려 더 의심을 가지게 하여 스스로 의심을 풀 수 있도록 몰아가는 방법을 주로 사용하였다. 만약 깨닫지 못한 자가 스승이 되어 이러한 방법을 흉내내게 되면 선의 생명력은 사라질 수밖에 없는 것이다. 간화선은 바로 이러한 상황 속에서 과거에 스승이 제자를 깨닫게 했던 상황, 즉 스승과 제자 간의 문답에 주목하게 한다. 직접 스승으로부터 의문을 받는 것이 아니라 이전에 깨달은 선사들의 대화를 공부거리로 삼아 의심해 들어가도록 하는 것이다.

깨닫지 못한 자를 깨달음의 세계로 직접 이끄는 선 수행의 핵심은 제자가 스스로 '의심'에 빠지는 데에 있다는 것을 간화선사들은 간파한 것이다. 이전 조사들 간의 대화 내용을 가지고 제자들에게 의문을 던져주는 방식이 수행자를 의심에 들게 하는 효과적인 방법이라는 점을 활용하기 시작한 것이다. 따라서 조사선이 1차적인 관계 속에서 의심을 불러일으키는 수행이라면 간화선은 2차적인 관계 속에서 의심을 불러일으키는 수행이라고 할 수 있다.

그런데 한국불교의 병(病)은 간화선 수행에 있다고 주장하는 사람들이 많이 있다. 아무리 조주 선사의 '무자화두'를 들고 수행하여도 의심에 걸리지 않고, 더군다나 깨달음에 이르기는 더더욱 힘이 든다고 서슴없이 불만을 토로한다. 왜 그럴까? 어쩌면 지금의 한국 간화선 또한 형식화되어 버렸기 때문에 생기는 문제일 수도 있다. 지금 한국불교계가 간화선이 출현하기 직전의 상황과 비슷해졌다고 할 수 있다.

조사선과 간화선은 어느것이 우월한가

"조사선과 간화선은 같은 것일까?" 혹은 "간화선은 조사선보다 우월한 것일까?" 그렇다면 "몇십 년 동안 간화선 수행을 한 수좌들이 왜 깨달음에 이르지 못하는 것일까?" 이렇게 고민하는 수행자 중에는 한국불교계에 간화선이 아닌 조사선의 전통이 되살아나야 한다고 주장하기도 한다. 일리가 있는 말이라고 생각한다.

"조사선과 간화선 그 둘 중 무엇이 우월한가?" 혹은 "무엇이 정통인가?" 등의 의문은 어리석은 질문일 수 있다. 진정 깨달은 자가 출현하게 되면 직접 의문을 던질 수도 있고 이전의 화두를 이용하여 의문을 던질 수도 있다. 이는 기교의 문제이지 본질적인 문제는 아니다. 실제 수행자들을 의문에 들게 하여 깨달음에 이르도록 하는 것만이 중요할 뿐이다.

선 수행2 - 간화선

화두, 견성 위해 뚫어야 할 관문

조사들의 선문답 - 화두, 공안

간화선이란 조사들의 선문답인 '화두(話頭)'를 살펴서(看) 본래 성품 자리를 곧장 깨닫게 하는 수행법이다. 간화선은 스승이 제자에게 '화두'를 주고, 수행자는 그 화두를 가지고 수행하는 것이다.

간화선의 특징은 조사들의 선문답을 공안(公案)으로 하여 이들 공안 중에서 화두를 선택한다는 점과, 조사들의 선문답 중 핵심적인 일구(一句)에 대한 의심을 통하여 공부하게 한다는 점에 있다.

'화두'라는 말을 우리는 일상에서도 자주 사용한다. 무언가 풀리지 않는 문제, 이렇게 생각해도 안 되고 저렇게 생각해도 안 되는 딜레마(dilemma)에 빠져 있는 문제를 '화두'라고 한다. 우리나라의 선원에서 많은 스님들이 이러한 '화두'를 붙들고 수행하고 있다. 도대체 '화두'는 무엇일까?

'화두'란 조사들의 선문답이다. 육조 혜능 스님 이후 중국에서는 많은 조사들이 나타나서 다양한 방법으로 제자들을 지도하였다. 개념과 논리를 통하여 이루어지는 인간의 이성적 사유, '좋다·나쁘다'든가 '옳다·그르다' 등의 분별적인 사유를 떠난 경지가 선(禪)의 세계이다.

따라서 조사들이 제시한 화두에는 말의 길과 생각의 길이 끊어져 있다. 수행자의 입장에서는 보면 '화두' 속에는 조사들이 걸어 놓은 겹겹의 빗장[關門]이 있는 것이다. 조사들의 선문답 속에 담긴 이러한 '조사관'을 뚫고 나와야 하는 것이 간화선 수행이다.

화두를 다른 말로 공안이라고 한다. 공안이란 원래 '관청의 공문서[公府案牘]'라는 뜻에서 유래된 것이다. 보통 1,700공안이라고 하는 것은 《경덕전등록》에 등장하는 1,701분의 선사들이 보여 준 기연(機緣)과 언행(言行)에서 유래한다. 《전등록》에 제시된 것은 이미 검증된 선문답이기 때문에 스승은 이 중에서 하나를 골라 제자들에게 화두를 주는 것이다.

간화선의 체계화 – 대혜 종고

이러한 간화선은 대혜 종고(大慧宗杲)에 의하여 체계화되었다. 대혜 종고는 임제종의 양기파(楊岐派)에 속하는 인물이다. 양기파는 양기 방회(楊岐方會), 백운 수단(白雲守端), 오조 법연(五祖法演), 원오 극근(圜悟克勤), 대혜 종고로 계승된 법맥이다. 이들 중 공안화된 화두를 의심의 대상으로 삼아 반드시 뚫어야 할 관문으로 제시한 것은 오조 법연부터이다.

원오 극근은 《벽암록》의 저자이다. 따라서 송대의 간화선은 오조 법연을 시원으로 하고 원오 극근을 거쳐 대혜 종고에 의하여 완성된 수행법이라고 볼 수 있다. 그러나 공안화된 화두를 공부의 방법으로 사용하여 간화선을 본격적으로 정형화, 체계화한 것은 대혜 종고다.

간화선에서 핵심은 '의심'에 있다. 화두란 조사가 분별의 세계를 떠난 말을 제시한 것이다. 그러니 우리가 아무리 생각하고 따져도 풀리지 않는 것이다. 풀리지 않으니 의심하게 되어 있다. 화두에 의심이 걸리지 않는다면 그것은 이미 화두가 아니다. 스승이 제시한 화두에 간절한 의심이 생겨야 간화선 수행자라 할 수 있다.

간화선의 소개 – 보조 지눌

우리나라에 간화선을 최초로 소개한 분은 순천 송

광사를 중심으로 정혜결사를 펼쳤던 보조 지눌이다.

　보조 스님은 수도하는 과정에서 《금강경》과 이통현 장자의 《화엄론》을 통하여 두 번의 깨달음을 얻었지만 마지막 의문이 남아 있었다. 그러던 중 41세가 되어서야 지리산 상무주암에서 대혜 스님의 《서장》을 보다가 마지막 의문이 풀리면서 최후의 깨달음을 얻게 된다.

　'초발심이 곧 정각(正覺)'이라고 보는 화엄의 경지와 '본래성불'과 '돈오견성'을 주장하는 선의 경지가 다른 것일까? 다르지 않다. 그렇다면 왜 선에서는 '교를 버리고 선에 들어가라고 하는 것인가' 이에 대한 해답을 보조 스님에게서 찾을 수 있다. 스님은 "화엄에서 말하는 뜻과 이치가 비록 가장 완전하고 오묘한 것이지만, 결국은 의식과 감정에 의해서 듣고 이해하여 헤아리는 것이므로 한계가 있다. 따라서 화두를 참구하여 곧장 깨달아 들어가는 경절문(徑截門)을 통하여, 하나하나 불법(佛法)을 헤아려서 알려고 하는 알음알이의 병통을 없애야 한다."고 말한다.

　'알음알이〔知解〕' '분별심(分別心)', 이것은 교종뿐만 아니라 누구나 빠지기 쉬운 함정이다. 머릿속으로는 아는 것 같은데, 그 세계를 체험하지 못하고 있는 것은 바로 마음속에 자리하고 있는 분별심 때문이다.

　《금강경》에서는 그것을 '아상' '인상' '중생상' '수자상'의 네 가지 상(相)으로 이야기한다. 간화선 수행의 가장 큰 장점은 이러한 알음알이의 병통을 극복하고 단박에 지해(알음알이)의 속박에서 빠져나올 수 있는 방법을 제시하고 있다는 것이다. 그 길은 스승이 내려준 '화두'를 통해서이다. 화두는 뚫고 지나가야 할 관문(關門)이며, 그러기 위해서는 진정한 발심을 바탕으로 하여 간절한 '의심'이 일어나야 하는 것이다. 간절한 의심이 뭉쳐 의단을 형성하고, 그러한 의심의 덩어리가 견고해지면 어느 순간 본래의 자기를 발견하게 되는 것이다.

一선원 二명안종사

수행의 주체는 발심수행자

　　　　　　판소리에서 '一 고수, 二 명창'이란 말이 있다. 첫째가 북을 치는 고수이고, 소리를 잘 하는 명창은 그 다음이라고 하니, 선뜻 납득하기 어렵다. 물론 판소리에서 가장 중요한 것은 명창이다. 그럼에도 불구하고 고수를 앞세우는 데는 분명한 이유가 있다. 아무리 소리를 잘 해도 고수가 북 소리와 추임새로 제대로 된 장단을 맞추어내지 못한다면 소리판은 성공할 수 없기 때문이다. 소리꾼은 고수의 장단을 타고 관객과 호흡하는 것이다. 간화선에 있어서도 이러한 논리가 성립된다. '一 선원, 二 명안종사'라는 생각을 가져야 한다.

한국 간화선의 활성화를 위해 가장 크게 지적되고 있는 것이 '명안종사의 부재'이다. 최근 들어 큰 선지식이 출현하지 않기 때문에 한국의 간화선은 위기이며, 나아가 간화선 수행방법 자체에 문제가 있다는 말들을 너무 쉽게 하곤 한다. 눈밝은 선지식이 있어야만 화두를 줄 수도 있고, 지도와 점검도 할 수 있고 나아가 깨달음에 대한 인가도 할 수 있으니, 이러한 지적은 백 번 옳은 말이다. 한국불교에 많은 명안종사들이 출현한다면 그보다 좋은 일이 어디 있겠는가.

그러나 한 번 더 생각해 보면 아무리 눈밝은 명안종사가 있다 하더라도, 지도받고 싶어하는 발심수행자들을 효율적으로 지도할 체계적인 선원이 갖추어져 있지 않다면 분명한 한계를 가질 수밖에 없다. 명안종사와 수행자의 제대로 된 만남은 선원 속에서 수행을 통하여 만나야 하는 것이다. 출가자뿐만 아니라 재가자도 이젠 수행의 주체이다. 간화선 수행자의 청정한 수행을 흠모하여 그들을 받들어 모시기만 하고, 그들이 깨달은 체험의 세계를 신비하게 바라보기만 하던 재가자들은 역사의 중심에서 멀어져 가고 있다. 재가자도 이젠 자신의 처지에서 발심을 일으켜 직접 간화선 수행을 하여 깨달음을 얻고 싶은 것이다.

간화선 전문선원의 필요성

　　　　　　이러한 변화는 출가 · 재가를 막론하고 사부대중
모두가 참여하여 선 수행을 할 수 있는 체계적인 간화선 전문선원이
필요함을 말한다. 간화선 전문선원에서는 출가 · 재가를 막론하고 발
심 수행자가 간화선 수행의 전 과정을 수행할 수 있도록 체계적인 수
행 프로그램을 갖추어야 한다. 즉 발심, 화두 결택, 화두 참구, 병통
의 극복과 삼매단계(동정일여 · 몽중일여 · 오매일여), 점검과 인가, 오
후보임(悟後保任) 및 중생교화라는 각 단계에 대한 체계적인 지도가
이루어질 수 있어야 한다.

간화선 수행의 단계

　　　　　　먼저 참 발심이 일어난 수행자는 스승으로부터 화
두를 받아야 한다. '스승이 언제 화두를 내리고 수행자가 언제 화두
를 받아야 하는가' 하는 문제는 근기에 따라 차이가 날 수밖에 없다.
화두의 결택에서 중요한 것은 수행자로 하여금 '의심'을 불러일으키
도록 하는 것이다. 무조건 조주 스님의 '무자화두'를 주고 한쪽에 앉
혀 참선을 시킨다고 하면 그것은 진정한 간화선 수행이라 할 수 없

다. 수행자의 근기에 따라 간절한 의심을 불러일으킬 수 있는 화두를 주어야 한다.

다음으로 화두 참구는 알음알이나 논리적으로 접근하는 방식을 용납하지 않는다. 이때 대신심 · 대분심 · 대의심의 삼요(三要)가 강조된다. 내가 본래 부처이며 수행을 통하여 그러한 부처가 될 수 있다는 큰 믿음을 내고, '왜 다른 사람은 깨닫는데 나는 깨닫지 못하는 것일까' 하는 분발심을 내고, 화두를 간절히 의심하는 대의심을 지녀야만 한다. 또한 화두를 염송하거나 관(觀)하는 방법도 원칙적으로는 금하고 있다.

화두를 참구할 때 나타나는 병통으로는 속효심과 상기병, 혼침과 도거, 색욕과 수마 등이 대표적이다. 속효심은 빨리 깨달으려 하는 조급함에서 오는 병이며, 상기병은 수행중 기가 머리로 올라오는 병이다. 이러한 병통의 증상에 대한 원인과 그 치유법을 알아야 한다. 화두가 잘 되어 가면 동정일여, 몽중일여, 오매일여의 경지를 경험하게 된다.

이러한 경지를 지나다 어느 순간에 타성일편(打成一片), 혹은 폭지일성(爆地一聲)의 경험을 하게 되는데, 이때가 바로 깨달음의 순간이다. 이러한 순간이 도래하면 반드시 명안종사를 찾아 그것이 정말 참된 깨달음의 경험인지 아닌지를 점검받아야 한다. 점검 과정을 통하여 참된 깨달음이 아니라면 좀더 철저한 수행을 지속해야 하고, 깨달음에 도달하였다면 은밀히 스승으로부터 인가를 받아야 한다.

일상생활에서의 선 수행

세계에서 간화선의 수행전통이 가장 잘 보존되어 있는 유일한 나라가 한국의 선원이다. 그러나 한국 선원의 문제점은 출가 수행자들 중심이고 지도의 방법 또한 대중적이지 못하다. 간화선을 체계화하였던 대혜 종고 스님이 지도하였던 많은 제자들은 재가신도들이었다. 대혜 스님은 멀리 떨어진 제자들을 지도할 때면 편지를 주고받으면서 자세히 지도하였다. 대혜 스님으로부터 화두를 받아 일상생활 속에서 수행을 해가면서 마음속에 생기는 의심들 하나하나를 편지를 통하여 묻게 되면 스님은 그에 대한 점검을 편지를 통하여 다시 상세히 지도해 주셨던 것이다. 이러한 사실은 인터넷이 발달된 지금에 있어서 일정 기간 선원에서 간화선 수행 방법을 배우고 일상 속에서 수행을 해가며 인터넷을 통하여 점검해 갈 수 있다는 것을 말해 준다.

간화선이 대중화되고 활성화되기 위해서는 종합적인 체계를 갖춘 간화선 선원이 운영되어야 한다. 특히 출가자만이 아닌 재가자들이 참여할 수 있는 선원이 운영되어야 한다. 간화선 프로그램을 갖추고

있는 선원으로는 금강선원(혜거 스님), 무심선원(김태완 법사), 법기
선원(강정진), 보림선원(장백기), 수선회(제방의 큰스님), 안국선원
(수불 스님), 원명선원(대효 스님), 용화선원(송담 스님) 등을 들 수 있
다. 이러한 선원들은 체계적인 프로그램을 갖추고 있을 뿐만 아니라
재가자들이 참여할 수 있도록 시간적인 배려를 하고 있다. 이들 선원
에 사람들이 모여 든 것은 오히려 당연한 것이다.

한국의 대표적인 종단인 대한불교조계종에서 최근 들어 종단적 차
원에서 신도들을 위한 간화선 수행 프로그램을 만들었고 간화선 대
중화를 향한 힘찬 행보를 시작하였다. 다행스럽고 고무적인 일이라
할 수 있다.

한국선의 법맥과 간화선

한국 간화선의 기원과 법맥 논의

한국 간화선의 기원과 법맥의 계승에 대하여 여러
가지 견해가 공존하고 있다. 크게 보면 세 가지 정도로 압축할 수 있
다. 첫째는 보조 지눌을 기원으로 보는 견해이다. 둘째는 진각 혜심
을 기원으로 보는 견해이다. 셋째는 태고 보우 스님을 기원으로 보는

견해이다.

물론 한국선의 시원은 신라 말기 마조의 제자인 서당 지장의 법을 이어온 도의 국사라 할 것이다. 도의 국사 이후 나말여초에 이른바 구산선문(九山禪門)이 형성되었으니, 한국선의 황금시대는 나말여초라 해도 과언은 아니다. 이들의 선은 조사선이라 할 수 있다.

태고 보우 법통설

　　　　　　　한국불교의 전통을 잇고 있는 조계종과 태고종 양종 모두 법통문제에 있어서 '태고보우법통설'을 정통적인 견해로 보고 있다. 이러한 주장은 간화선의 사자상승(師資相承)을 강조하고 있는 데서 나오는 견해이다. 즉 태고 보우 스님이 고려 말 원나라에 들어가 간화선의 맥을 잇고 있는 임제종 양기파의 법손인 석옥 청공으로부터 인가를 받아온 사실을 강조하고 있는 것이다.

이러한 태고법통설이 한국불교계에 정착하게 되는 시기는 조선 중기 서산 휴정의 제자들에 의해서이다. 즉 그 이전에는 부처님으로부터 마하 가섭, 보리 달마, 육조 혜능, 임제 의현, 양기 방회, 석옥 청공, 태고 보우, 서산 휴정 등을 일직선으로 이어 자신의 정통성을 주장하는 족보의식이 그렇게 강하지는 않았던 것 같다. 거시적으로 보면 이러한 법통설의 강조는 중국에서 명나라가 멸망하고 청나라가 등장하는 과정에서 동아시아의 주도권과 정체성이 청나라가 아닌 조선에 있다는 사대부들의 인식전환이 불교계에 영향을 끼친 것도 한 몫 하고 있다.

법맥은 깨달음의 필수조건이 아니다

고려 중기 한국불교를 크게 중흥시켰던 보조 지눌이나 근대 불교를 중흥시킨 경허 성우나 현대불교를 중흥시킨 퇴옹 성철이나 모두 뚜렷하게 한 스승을 통하여 깨달음을 얻었다는 말을 들어보지 못했다. 스스로 의심을 가지고 철저한 수행 과정을 통하여 어느 순간 기연에 의하여 깨닫게 되었음을 볼 수 있다.

법맥이란 스승과 제자 간의 법의 사자상승(師資相承)을 말하는 것이다. 선(禪)에 있어서 법의 계승 문제는 중요함에 틀림없다. 언어와 문자를 초월하여 마음에서 마음으로 전하는 것이 선이기 때문이다. 수행자의 최종 목표가 깨달음이라면 자신이 깨달았다는 것을 확인하고 '인가'해 줄 스승이 있어야 한다. 어떠한 스승이 과연 깨달은 스승인가 하는 문제는 깨닫지 못한 자로서는 알 수가 없기 때문이다. 이른바 명안종사를 스승으로 모시는 것이야말로 간화선 수행의 관건이라 해도 과언이 아니다.

그런데 한국의 불교계가 '사자상승을 통하여 간화선의 법맥을 면면히 계승하고 있는 자'를 명안종사로 정의한다면, 현실적으로 명안종사를 찾기는 힘들 것 같다. 선의 특징상 깨닫지 못한다면 비록 큰 스승 밑에서 수행을 하였다 해도 그 법맥을 계승하였다고는 말할 수 없을 것이다. 법맥의 계승은 중요한 문제이지만 엄격하게 법맥의 문제만이 깨달은 자의 조건이라 고집한다면 자승자박의 결과를 초래할 수도 있다.

한국불교는 삼국시대에 전해져온 이래 많은 역사적 경험을 축적하고 있다. 그 중 선사상 그리고 간화선 수행이 한국불교의 주된 특징임에는 틀림없다. 그러나 간화선의 전통만이 한국불교는 아니다. 간화선의 법맥을 지나치게 강조하여 한국불교 전체를 간화선의 울타리에 안에 가둔다면 그것은 지극히 비불교적인 발상이라 할 수 있다.

근대 한국의 간화선은 '주위를 아무리 둘러보아도 자신을 인가해 줄 스승이 없었다'는 경허 스님의 탄식으로부터 새롭게 중흥된 것이다. 경허의 깨달음이 있었기에 이후 수많은 선지식들이 출현할 수 있었다. 그리고 성철 스님과 청담 스님, 자운 스님 등이 주축이 되어서 창립한 봉암사결사는 간화선을 새롭게 꽃피우는 데 결정적인 역할을 하게 된 것이다. 희미하던 불씨를 새롭게 살려 간화선을 부흥시키는 계기를 마련한 것이다.

법맥의 문제가 중요한 것이지만 엄밀한 의미에서 근현대 한국의

간화선이 경허 스님 이전부터 줄곧 사자상승으로 전해져 내려왔다고
할 수가 없다. 경허 이전의 법맥의 전승 문제는 사실의 문제라기보다
는 정통성에 대한 가치관의 문제라 할 수 있다. 이러한 사실을 인정
하고 주시해야 한다.

법맥문제의 해석

실질적으로 철저한 수행을 통하여 깨달음을 얻는
것이 중요하다. 진정으로 깨달음을 얻은 자가 명안종사이다. 경허 스
님 이후 수많은 수행자들이 철저한 수행으로 깨달음을 얻고 새로운
수행의 풍토를 만든 것은 한국불교와 한국의 정신문화에 있어서 중
요한 공헌이 아닐 수 없다. 현재 우리가 간화선 수행을 바로 하기 위
해서는 눈밝은 선지식을 찾아가는 것이 중요한다. 결국 이 시대에 맞
는 '명안종사의 기준이 무엇인가' 하는 본질적인 문제에 직면하게
되는 것이다.

선에 있어서 법맥의 문제는 깨달음의 인가 문제와 직접적인 관련
이 있다. 그런데 한국불교에 있어 법맥의 사자상승이 정확히 이루어
지지 않았다는 것은 역사적 사실이다. 따라서 간화선에 있어서 법맥
의 문제는 이제 '간화선 수행을 제대로 지도하고 자신의 깨달음을 인
가해 줄 수 있는 명안종사를 어떻게 찾을 것인가' 하는 문제로 관심

이 옮겨져야 하는 것이다. 깨달음이란 무엇이고 깨달은 자의 삶은 어떤 것인지에 대한 진정한 의문만이 한국선의 법맥문제를 새롭게 해석할 수 있는 안목을 가져다 준다고 믿는다.

간화선 수행의 생활화

생활속의 선 수행

《서장》에서 대혜 스님은 '조대제에게 주는 글'에서 다음과 같이 말씀하신다.

"생활하다가 번거로운 일로 사량분별할 때도 그것을 애써 물리치려 하지 말고 사량분별이 일어나는 그 곳에 가볍게 화두를 드십시오. 그렇게 하면 무한한 힘을 더는 동시에 무한한 힘을 얻게 될 것입니다."

이처럼 대혜 스님은 번거로운 일상생활 속에서도 화두 참구를 할 수 있다는 점을 분명하게 지적하고 있다. 그렇다면 현대를 사는 우리도 직장생활을 하면서 간화선 수행을 병행할 수 있는 것이다. 그런데 그 동안 간화선 수행은 우리 사회에서 출가자들의 전유물로 인식되어왔다. 그것은 경허 스님, 만공 스님, 용성 스님, 효봉 스님, 청담 스님, 성철 스님 등 대선지식들이 닦았던 수행법이 바로 간화선이었다는 점이 오히려 재가자들의 간화선 수행을 꺼리게 한 점도 있다. 즉 철저한 화두 참구의 수행법을 통하여 번뇌를 뿌리째 끊어버리는 간화선 수행이야말로 상근기의 대선지식만이 할 수 있는 수행법이란 생각을 일반 불자들은 은연중 가져왔던 것이다.

"일상생활 속에서 어떻게 간화선 수행을 실천할 수 있을까?" 하는 의문을 가진 불자들이 많이 있다. 그 해답의 실마리는 발심에 있다. 참된 발심이 일어나야 스승도 나타나고 화두도 나타나는 것이다. 참 스승이 없어서 간화선 수행을 하지 못하는 것이 아니라, 제대로 된 발심이 일어나지 않았기 때문에 스승이 주위에 있어도 알아보지 못하고 찾아가 생사의 대사(大事)를 해결하지 못하는 것이다.

간화선 수행단체

이미 재가자들도 참여하여 오롯이 간화선 수행을 할 수 있는 단체들이 있다. 1975년 청년불자들이 중심이 되어 창립된 조계사의 '수선회(修禪會)' 같은 경우 "법으로 하나 되고 선을 살려 현실에 쓴다(以法合友活禪現用)"란 강령에 따라 오직 화두 참선에만 주력하고 있다. 회원들은 큰 사찰을 찾아 선지식을 모시고 하안거와 동안거를 직접 나면서 정진을 하고 있다. 그런가 하면 백봉 김기추 거사에 의하여 개설된 보림선원은 거사풍의 간화선 수행을 들고 나왔다는 점에서 주목이 된다. 1965년 보림회를 결사하여 출발한 보림선원은 백봉 선생님의 독자적인 선풍을 통하여 간화선을 생활화 대중화시키는 데 크게 기여했다. 지금도 보림선원에서는 토요일 밤부터 일요일 새벽까지 철야정진을 하고 있으며, 여름과 겨울에는 일주일간의 용맹정진의 수행전통을 이어가고 있다.

간화선은 한국불교의 대표적 수행법

간화선 수행은 한국불교의 대표적인 수행법이라는 점에서 이러한 몇몇 선진적인 수행단체 뿐만 아니라, 보다 많은 사람들이 간화선을 접할 수 있는 종단 차원의 노력이 절실하다. 2005년부터 조계종에서 간화선 지침서와 간화선 수행 프로그램을 본격적으로 개발하여 실행하고 있는데, 늦은 감이 있긴 하지만 참으로 다행스런 일이다. 출가 · 재가를 막론하고 수행의 문이 열려있어야 하는 것이다.

동아시아의 근대화는 서구 세력의 침탈에 대한 위기의식 속에서 시작되었으며, 결국은 서구화라는 공통의 성격을 띠게 된다. 종교에 있어서 근대화란 대개 세속화를 의미한다. 서양에서 개신교의 성립이 그러하며 일본의 종교적 성향이 그렇다. 중국의 근대화는 공산화의 과정을 겪으면서 종교에 대한 마르크시즘적인 편향을 나타내었지만, 그 역시 근대의 보편적인 흐름을 벗어나지는 않는다.

그런데 한국불교의 근대화 과정에서는 이 같은 공식이 맞지 않는다. 그것은 바로 간화선의 전통적인 수행법이 현대 한국불교의 주된 수행법으로 자리잡았다는 점에서 나타난다. 만해 스님이 주장했던 불교유신이란 근대적 가치보다 경허 스님과 용성 스님의 전통불교의 복고적 가치가 우위를 차지하게 된 것이다. 중국과 일본과 비교해 보면 간화선 수행의 전통을 충실히 계승 복원해 내었다는 점에서 한국불교의 큰 특징이 있다.

모든 불교의 수행법이 깨달음에 이르는 것이지만, 간화선은 '화두를 통하여 곧장 가로질러 가는 길'이란 점을 강조하며, 그래서 경절문(徑截門)이라 한다. '선과 교의 가르침이 근원적으로는 일치한다'는 점을 강조하였던 서산 휴정도 근기가 높은 납자들에게는 경절문을 가르칠 것을 권했다. 《선교결》에 다음과 같은 내용이 그것이다.

"말세를 당하여 근기가 낮은 사람들은 원돈문(圓頓門)의 이치와 뜻과 말의 길만을 중시할 뿐 경절문을 귀하게 여기지 않는다. 그렇더라도 팔방의 납자들을 가르칠 때는 바로 본분인 경절문의 활구로서 그들로 하여금 스스로 깨쳐 얻게 해야만 한다. 그것이 종사(宗師)의 사람을 위하는 길이다."

간화선 수행은 깨달음에 이르는 가장 빠른 길이고 알음알이의 병통을 근원적으로 해소할 수 있는 수행법이다. 한국불교의 정체성, 나아가 한국불교의 세계적인 경쟁력을 확보하고 있는 수행법이기도 하다. 그럼에도 불구하고 오늘날 한국불교계에 있어 간화선 수행이 제대로 행해지고 있는가 하는 물음에는 여전히 의문을 남기고 있다.

수행이란 이론이 아니라 실천이다. 특수한 몇몇 사람이 일상을 등지고 산 속에서 행하는 수행법이라면 그 생명력은 오래가지 못한다. 일상생활 속에서 살아 있는 수행법이어야 한다. 간화선 수행이 현대화되고 대중화되어야 한국불교가 살아날 수 있다. 재가자들이 참여할 수 있는 간화선 선원이 많이 들어서고, 체계적인 수행 프로그램이 많이 보급되고, 선원에도 문답 감정을 통해 지도해 줄 수 있는 선지식이 상주해야 한다.

선 수행3 - 지관 수행

선 사상 이해할 상호보완적 수행

선정과 지혜를 함께 닦는 지관 수행

마음속에서 산란한 번뇌를 그치게 하고 무명(無明)의 어둠을 걷어낸다면 얼마나 좋을까? 마음이 늘 고요하고 평화로우며, 무슨 일을 접해도 지혜롭고 자유스러울 수 있다면 얼마나 행복할 것인가! 번뇌를 그쳐 고요함에 노닐고, 고요함 속에서 항상 자유로울 수 있는 삶, 무엇이 그것을 가능하게 하는 것일까?

지관(止觀) 수행이란 산란심을 그치게 하는 지(止)와 존재를 있는 그대로 파악하는 관(觀)을 함께 닦는 수행을 말한다. 지(止)는 '사마타(Śamatha)', 관(觀)은 '위빠사나(Vipaśyanā)'라 하였다. 즉 지(止)

란 산란한 마음을 가라앉히기 위해 한 곳에 마음을 집중하는 선정(禪定)으로, 그리고 관(觀)이란 사물이나 현상을 있는 그대로 파악할 수 있는 지혜(智慧)로 이해할 수 있다. 사마타와 위빠사나를 함께 닦는 수행, 선정과 지혜를 함께 닦는 수행체계가 지관 수행법이다.

흔히 '지관 수행' 하면 천태종의 주요 수행법으로 알려져 있지만 부처님 당시부터 지속적으로 중시한 수행법이다.

점차지관 · 부정지관 · 원돈지관

지(止)와 관(觀)을 함께 닦아야 함은 불교역사에 있어서 보편적으로 중시되었으며, 이를 중국의 천태 지의(智顗, 538-597)가 체계화하여 점차지관(漸次止觀) · 부정지관(不定止觀) · 원돈지관(圓頓止觀) 등으로 제시했던 것이다. '점차지관'은 점차적인 수행을 통하여 마침내 실상(實相)을 깨닫는 지관법이며, '부정지관'은 얕음과 깊음의 순서와 차례를 정해 놓지 않고 수행하는 지관법이며, '원돈지관'은 처음과 끝이 하나이며 일념에 단박 깨달아 실상을 관찰하는 지관법을 말한다.

지(止)와 관(觀)은 반드시 함께 닦아야 하는데, 이는 마치 새의 양 날개나 수레의 두 바퀴에 비유되곤 한다. 즉 어느 하나만을 수행한다면 새가 한 날개로 날 수 없고 수레가 한 바퀴로 움직일 수 없는 것과 같이 제대로 된 깨달음을 얻을 수 없게 된다는 의미이다.

이는 우리의 일상 속에서도 쉽게 경험할 수 있다. 마음이 고요하고 적적하며 집착이 없는 상태에 머물 때 사물을 바로 보는 지혜의 안목이 열린다. 그러나 탐 · 진 · 치 삼독심을 가진 상태로 어리석게 집착하고 있는 실체가 사실은 허망한 것임을 알게 되면 마음은 그 번뇌의 속박으로부터 벗어나 자유롭게 된다.

《해심밀경》에서는 "몸과 마음의 경안(輕安: 편안하고 경쾌해지는 상태)을 일으키는 것을 사마타[止]라 하며, 경안에 의지하여 사물을 관찰하는 것은 위빠사나[觀: 비발사나]라 한다"고 정의한다. 즉 지(止)를 얻은 후에야 비로소 진정한 관(觀)이 이루어지는 것을 말하고 있는 것이다. 먼저 지(止)를 닦아야 후에 관(觀)을 할 수 있는 것으로 이해할 수 있다. 즉 지혜란 좌선을 통한 맑고 안정된 선정(禪定)의 상태에서 발생하는 것이다.

그런데 관(觀) 없이는 진정한 지(止)에 도달할 수 없다. 중생의 삶은 무명(無明)의 어둠 속에 갇혀 있다. 번뇌의 굴레 속에서 윤회한다. 그 번뇌의 굴레 속에서 벗어나기 위해서는 '번뇌의 실체가 사실은 공(空)하다'는 지혜의 힘이 반드시 필요하다. 분별하고 집착함을 떠난 반야(般若)의 지혜가 그것이다. 반야의 지혜를 통하여 번뇌의 굴레를 끊고 무명의 어둠을 벗어나야만 고요하고 평화로운 삼매의 상태에 도달할 수 있는 것이다.

지관 수행의 다른 명칭들

《대지도론》에서는 "반야바라밀은 모든 삼매와 다르지 않고 모든 삼매는 반야바라밀과 다르지 않으며 보살은 반야바라밀 및 삼매와 다르지 않다"고 정의하고 있다. 진정한 보살이 되기 위해서는 삼매[止]와 반야바라밀[觀]을 갖추어야 함을 말하고 있는 것이다.

지관(止觀) 수행은 사마타와 위빠사나, 선정과 지혜, 삼매와 반야 등으로 다르게 불리면서 강조되어 왔다. 물론 번뇌가 곧 깨달음의 세계이며, 생사(生死)의 세계가 다름 아닌 열반(涅槃)이라는 차원에서 보면, 그쳐야[止] 할 번뇌도, 살펴야[觀] 할 대상도 없을지도 모른다. 그러나 수행자의 입장에서 보면 지속적으로 우리를 괴롭히는 번뇌를 그치고 부처님과 같은 여실지견(如實之見)을 갖기를 갈망할 수밖에 없다.

선사상과 천태의 지관 수행법은 상호보완적 관계

지관 수행에 대하여 총체적이고 체계적인 실천체계를 완성한 것은 천태 지의 스님이다. 지관 수행법에 대하여 지의 스님은 10권의 《마하지관》을 통하여 체계적으로 밝히고 있다.

그런데 불교역사에 있어서는 천태종의 지관 수행법은 너무 세밀하게 체계를 세운 나머지 '마음이 곧 부처다'라는 선(禪) 수행법에 밀리게 된다. 선의 단순성이 체계적이고 종합적인 천태의 지관 수행법을 이긴 것이니 아이러니할 뿐이다.

비록 지관 수행이 역사적으로 대중성에 있어서 선에 밀렸다고는 하나, 역으로 선사상의 세밀하고 정교한 이해는 천태의 지관 수행법 속에서 찾을 수 있으니 상호보완적이라 말할 수도 있을 것 같다.

삼종지관과 십승관법

이론과 실천이 하나로 통합되어야 함은 철학과 종교가 추구하는 목표이다. 동양철학에 있어서 양명이 지행합일(知行合一)을 강조하는 이유도 '앎과 행'이 하나 되기가 그만큼 어렵기 때문인지도 모른다.

천태의 사상체계는 이론체계인 교문(敎門)과 실천체계인 관문(觀門)으로 구성되어 있다. 교문과 관문을 하나로 하면서 완벽한 조화의 하모니를 이루어 거대한 대승사상의 오케스트라를 만든 사람이 천태지의이다.

오시팔교는 천태의 이론체계인 교문

천태의 이론체계는 '5시8교(五時八教)'로 되어 있다. 5시란 부처님 가르침의 순서를 말한 것으로 화엄시·녹원시(아함시)·방등시·반야시·법화열반시를 말한다. 이 중 '법화열반시'가 가장 수승한 가르침이라 말한다. 그리고 8교란 돈교·점교·비밀교·부정교의 화의4교(化義四教)와, 장교·통교·별교·원교의 화법4교(化法四教)를 말한다. 화의4교가 부처님의 교설의 방법에 따라 나눈 것을 말한다면 화법4교는 그 교설의 내용에 따라 나눈 것이다.

지관법은 천태의 실천체계인 관문

천태 지의가 제시한 실천체계의 핵심이 지관법이다. 점차지관(漸次止觀)·부정지관(不定止觀)·원돈지관(圓頓止觀) 등 3종의 지관 수행을 통하여 모든 존재의 실상을 깨닫는 것이 목표이다. 실상의 모습은 공(空)·가(假)·중(中)의 3제(三諦)가 원융무애하다는 것과 일념(一念)에 온 시간과 온 공간이 두루 포섭되어 있다는 것이다. 이를 '삼제원융' '일념삼천'이라고 한다.

점차지관이란 처음에는 얕은 지관을 닦다가 나중에는 깊은 지관을 닦는 점차적 수행법으로써 궁극적으로 실상(實相)의 본체를 관찰하는 지관의 방법이다.

부정지관이란 선후가 없이 닦는 지관의 방법이다. 근기에 따라 선후에 구애됨이 없이 지관을 닦는 방법이다.

원돈지관이란 처음과 나중이 둘이 아닌 경지에서 닦는 지관 수행법이다. 처음부터 실상구극(實相究極)의 진리를 체득(體得)하여 모든 경계를 만나더라도 중도(中道)에 입각하여 지와 관을 하는 것이다. 따라서 '그 법의 자성이 고요한 것'을 지(止)라 말하고 '고요하게 항상 비추는 것'을 관(觀)이라 하는 것이다.

원돈의 '원(圓)'은 장(藏)·통(通)·별(別)·원(圓) 가운데 원교(圓敎)를 지칭하는 것이고, '돈(頓)'은 돈극(頓極)·돈족(頓足)의 의미를 가진다. 모든 법은 본래 원융한 진리이므로 한 생각에 깨달아 불교 궁극의 불과(佛果)를 단번에 원만하게 구족한다는 뜻이 원돈(圓頓)이라는 말 속에 담겨 있다.

지관 수행의 핵심만을 소개하면 25방편과 10승관법을 들 수 있다. 즉 25방편을 통하여 수행의 기초를 세우고 10승관법을 통하여 본격적인 수행을 하는 체계로 되어 있다.

지관 수행의 기초인 25방편

25방편이란 구오연(具五緣)·가오욕(呵五欲)·기오개(棄五蓋)·조오사(調五事)·행오법(行五法)을 말한다.

첫째, 구오연이란 '갖추어야 할 다섯 가지 인연'이다. 지계청정(持戒淸淨) · 의식구족(衣食具足) · 한거정처(閑居靜處) · 식제연무(息諸緣務) · 근선지식(近善知識)이다. 계를 청정히 지키는 것이 지계청정이다. 옷과 음식을 알맞게 갖추는 것이 의식구족이다. 번거롭지 않고 고요한 곳에 머무는 것이 한거정처이다. 모든 인연으로 일어나는 일을 그치는 것이 식제연무이다. 선지식을 가까이하는 것이 근선지식이다.

둘째, 가오욕이란 '꾸짖어야 할 다섯 가지 탐욕'을 말한다. 색욕(色欲) · 성욕(聲欲) · 향욕(香欲) · 미욕(味欲) · 촉욕(觸欲)이 그것이다. 형색을 경계하고, 소리를 경계하고, 향기를 경계하고, 맛을 경계하고, 접촉을 경계해야 한다.

셋째, 기오개란 '버려야 할 다섯 가지 번뇌'이다. 탐욕의 장애(貪欲蓋) · 진에의 장애(瞋恚蓋) · 수면의 장애(睡眠蓋) · 도거의 장애(掉悔蓋) · 의심의 장애(疑蓋)이다. 진에란 성냄을 말하며, 도거란 마음이 들떠 있음을 말한다.

넷째, 조오사란 '조절해야 할 다섯 가지 일'이다. 조식(調食) · 조면(調眠) · 조신(調身) · 조식(調息) · 조심(調心)이다. 음식을 조절하고, 수면을 조절하고, 몸을 조절하고, 호흡을 조절하고, 마음을 조절해야 함을 말한다.

다섯째, 행오법(行五法)이란 '행해야 할 다섯 가지 법'이다. 욕(欲) · 정진(精進) · 염(念) · 교혜(巧慧) · 일심(一心)이 그것이다. 욕이란 세간에서 출세간으로 벗어나려 하는 것이며, 정진이란 계율을 지키며 열심히 노력하는 것이며, 염이란 선정이나 지혜의 법을 존귀하다고 생각하는 것이며, 교혜란 세간과 출세간의 득실을 헤아리는 것이며, 일심이란 출세간의 선정이나 지혜를 잘 파악하는 것을 말한다.

지관 수행자는 이러한 25방편을 기본적으로 행해야 한다. 이러한 기초적인 수행이 되어 있는 바탕 위에서 지관을 한다.

지관의 구체적 대상인 10경

그렇다면 무엇을 지관의 대상으로 삼을 것인가? 그것이 바로 10경(十境)이다. 즉 깨닫지 못한 자가 필연적으로 가지게 되는 장애와 병통으로 이것을 대경(對境)으로 하여 수행하는 것이다. 또 이러한 10경의 장애와 병통을 제거하고 치료할 수 있는 구체적 수행법이 바로 10승관법이다.

지관의 구체적 대상으로 행하는 10경이란 음입계경(陰入界境) · 번뇌경(煩惱境) · 병환경(病患境) · 업상경(業相境) · 마사경(魔事境) · 선정경(禪定境) · 제견경(諸見境) · 증상만경(增上慢境) · 이승경(二乘境) · 보살경(菩薩境) 등이다.

음입계경이란 5음과 6입과 18계를 지관의 대상으로 삼는다는 것이다. 5음이란 색·수·상·행·식이며, 6입이란 안·이·비·설·신·의이며, 18계란 6근과 6경과 6식을 합하여 말하는 것이다. 번뇌경이란 관심의 수행이 진전함에 따라 번뇌를 지관의 대상으로 삼는 것이다. 병환경은 육체적인 질병을 지관의 대상으로 삼는 것이다. 업상경은 무량겁 동안 수행자가 지은 선악의 업으로 이미 과보를 받은 것과 아직 받지 않은 것이 선정중에 출현함을 지관의 대상으로 삼는 것이다. 마사경이란 업상경을 함에 따라 악을 물리치고 선이 생기는 시기에 나타나는 악마를 지관의 대상으로 삼는 것이다.

선정경이란 마사경을 수행하던 중에 나타나는 과거의 선정에 대한 집착을 지관의 대상으로 삼는 것이다. 제견경이란 선정을 닦음으로써 생기는 독단적인 사견을 지관의 대상으로 삼는 것이다. 증상만경은 제견경을 통하여 독단적 사견이 사라질 때 자기가 궁극적인 깨달음을 얻었다는 망상에 빠지게 되는데 이를 지관의 대상으로 삼는 것이다. 이승경이란 성문승과 연각승의 이승이 빠지기 쉬운 독단적인 공관을 지관의 대상으로 삼는 것이다. 보살경이란 소승의 보살이 빠지기 쉬운 비방심을 지관의 대상으로 삼는 것이다. 물론 여기에서의 보살이란 성문·연각·보살의 삼승을 나누어 보는 보살을 말하는 것이다. 대승보살 즉 통교나 별교 그리고 원교의 보살을 말하는 것은 아니다.

10경의 경계를 관하는 10승관법

　　　　　10경의 경계에 대하여 바로 관을 할 수 있는 관법
이 요청되기 마련이다. 그것을 10승관법이라 한다. 즉 ① 관부사의
경(觀不思議境) ② 기자비심(起慈悲心) ③ 교안지관(巧安止觀) ④
파법변(破法遍) ⑤ 식통색(識通塞) ⑥ 도품조적(道品調適) ⑦ 대치
조개(對治助開) ⑧ 지차위(知次位) ⑨ 능안인(能安忍) ⑩ 무법애(無
法愛) 등이다.

　관부사의경이란 생각으로써 헤아릴 수 없는 부사의한 경계를 관찰
하는 것을 말한다. 부사의경이 있으면 생각으로써 뜻을 파악할 수 있
는 사의경이 있기 마련이다. 천태 지의는 장·통·별·원의 사교 중
에서 장·통·별의 3교지관은 사의경이며, 원교의 지관만이 부사의
경이라고 말한다. 기자비심이란 자비심을 일으키는 것이다. 진정한
보리심을 일으키는 것을 말한다. 이는 관부사의경을 닦아 완전히 체
증하는 것과 더불어 일체중생을 제도하겠다는 마음을 내는 것이다.
교안지관이란 교묘하게 지관을 써서 마음을 법성에 안주케 하는 것
이다. 정혜(定慧)를 쌍수하고 '무명이 곧 법성'이라는 도리를 알고
분별의식으로부터 벗어나는 것이다. 파법변은 치우친 법을 두루 다

깨뜨리는 것을 말한다. 식통색이란 파법변을 닦아도 지관의 목적을 달할 수 없을 때에 막힌 것을 파하고 통하는 것을 조장하는 관법을 말한다. 도품조적이란 사념처 · 사정근 · 사여의족 · 오근 · 오력 · 칠각지 · 팔정도의 삼십칠도품을 적절하게 조정하는 것이다. 자기의 근기에 맞추어 적당한 도품을 적용하면서 지관을 조절하여 사종삼매를 성취하는 것이다. 대치조개란 조도대치라고도 말한다. 조도란 보조적인 수행을 말하는 것으로 근기가 둔하고 장애가 두터워서 실상을 깨닫지 못하는 경우 보조적인 수행법에 의하여 장애를 없애는 방법이다. 지차위란 계위의 차례를 바로 알아 자만심에 떨어지지 않고 수행하는 것을 말한다. 능안인이란 안온히 참는 것을 말한다. 앞의 여덟 가지 수행을 통하여 오묘한 지혜를 발휘하게 되면 안과 밖으로 유혹이 따르게 된다. 번뇌 · 업 · 선정 · 제견 · 망심 등은 안의 적이고, 명리 · 권속의 유혹은 밖의 적이다. 이러한 안과 밖의 적을 능히 대처하는 것이 능안인이다. 마지막으로 무법애란 법에 대한 애착을 버리는 것이다. 아홉 가지의 관법을 닦아 십신위를 성취하고 내외의 장애를 모두 없앴더라도 법에 대한 집착이 있게 되면 초주위로 나갈 수 없는 것이다. 법애를 끊어야만 비로소 수행자가 초주위에 들어갈 수 있다.

위빠사나 수행 I

위빠사나의 원리

대승불교의 혜와 관으로 이어지는 위빠사나 수행법

1990년을 전후하여 한국의 불교계에 새로운 변화의 바람이 불어왔다. 그것은 대승불교 전통에 있는 한국불교가 '부처님의 초기 가르침이 무엇인가' 하는 문제에 관심을 돌리게 되었고, 자연스럽게 남방불교에 대해서도 객관적인 평가를 해야 한다는 의식이 생기게 된 것이다. 그 동안 남방불교 하면 '소승불교'라고 낮추어 보던 의식에서 부처님의 수행 전통이 그대로 지켜지는 불교라는 긍정적인 인식을 하게 된 것이다. 그리고 남방불교의 수행 전통을 대표하는 위빠사나 수행이 우리나라에 보급되기 시작하였다.

"위빠사나 수행법이 부처님 당시의 수행법이자 남방불교를 대표하는 수행법이라면 왜 대승불교에는 그러한 수행 전통이 이어지지 않은 것일까?" 하는 의문을 가지게 된다. 그런데 좀더 자세히 살펴보면 대승불교에도 그대로 이어지고 있다. 즉 정혜(定慧)를 닦는다고 할 때 혜(慧)가 다름 아닌 위빠사나이며, 지관(止觀)을 닦는다고 할 때 관(觀)이 바로 위빠사나를 말하는 것이다.

무분별과 분별의 의식세계에 대한 수행은 사마타와 위빠사나

초기불교의 기본적인 수행법으로 사마타(Samatha)와 위빠사나(Vipassanā)를 말한다. 사마타란 정적·고요·집중을 의미하며 곧 정(定)을 말한다. 위빠사나는 지혜·통찰력을 의미하며 마음과 육체에서 무슨 일이 일어나고 있든지 간에 현재 이 순간에 대해 있는 그대로 알아차릴 것을 가르치고 있는데 바로 혜(慧)이다. 따라서 위빠사나와 더불어 사마타 수행을 함께 강조하여 온 것이 불교의 일관된 입장이다. 정혜쌍수, 지관겸수의 대승불교 수행 전통 또한 초기불교의 수행 전통을 계승하고 있는 것이다.

대승불교 대표적 종파인 유식불교의 소의경전인 《해심밀경》에서는 위빠사나를 '비발사나'라고 음역하고 있다. 또 "대승불교에서는 무엇에 대하여 사마타와 비발사나 수행을 하는 것인가?" 하는 질문이 나온다. 이에 대하여 미륵보살은 "사마타 수행은 분별이 없는 영상에 의해 반연된 인식대상이고 비발사나는 분별이 있는 영상에 의해 반연된 인식대상이다"라고 대답한다. 분별을 떠난 의식세계에 대한 수행은 사마타로, 분별의 의식세계에 대한 수행은 위빠사나로 행하라고 말하고 있음을 알 수 있다.

사념처에 대한 관법으로서 위빠사나

위빠사나 수행은 몸[身] · 느낌[受] · 마음[心] · 법(法)의 네 가지를 대상으로 하는데, 이를 '사념처(四念處)'라고 한다. 이 사념처에 대한 관법(觀法) 즉 '사념처관'이 바로 위빠사나라 할 수 있다. 이러한 위빠사나를 구체적으로 수행할 때는 사념처의 대상을 지속적으로 따라가며 보게 되는데 이를 수관(隨觀) 즉 '아누빠싸나'라고 말한다. 몸[身] · 느낌[受] · 마음[心] · 법(法)의 네 가지를 지속적으로 따라가며 보는 수관(아누빠사나)을 통하여 세간에 얽힌 근심과 걱정, 탐진치 삼독심으로부터 벗어나 자유로운 상태를 유지하고 지혜를 개발하는 것이 위빠사나 수행의 핵심이다.

이러한 사념처의 위빠사나에 대하여 경전에서는 다음과 같이 말하고 있다.

이 가르침 안에서, 비구는 몸[身]에 대해 몸을 따라가며 보면서[隨觀] 머문다. 열렬함과 삼빠자나[知]와 사띠[念]를 지니고서 세간에 관련한 탐욕과 근심을 벗어나 머문다. 느낌[受]에 대해서는 느낌을 따라가며 보면서 머문다. 열렬함과 삼빠자나와 사띠를 지니고서 세간에 관련한 탐욕과 근심을 벗어나 머문다. 마음[心]에 대해서는 마음을 따라가며 보면서 머문다. 열렬함과 삼빠자나와 사띠를 지니고서 세간에 관련한 탐욕과 근심을 벗어나 머문다. 법(法)에 대해 법을 따라가며 보면서 머문다. 열렬함과 삼빠자나와 사띠를 지니고서 세간에 관련한 탐욕과 근심을 벗어나 머문다.

위빠사나는 알아차림[知]과 마음지킴[念]의 수행

위의 인용문을 통해서 알 수 있듯이 수관(隨觀)이란 우리말로 '따라가며 보기'라고 이해할 수 있으며, 그 세부 요소가 되는 것이 삼빠자나[知]와 사띠[念]이다. 삼빠자나란 한문으로 지(知)로 번역이 되며, 우리말로는 '알아차림'으로 이해하면 된다. 사띠란 한문으로 염(念)으로 번역이 되며, 우리말로 '마음지킴'으로 이해하면 된다. 즉 위빠사나란 사념처의 구체적인 대상에 대하여 '따라가며 보기'인데, 다시 세부적으로 '알아차림'과 '마음지킴'을 수행하는 것이다.

처음 위빠사나를 수행하는 초보자에게는 숨을 쉴 때 들숨과 날숨의 현상을 '알아차리고' 그 과정에서 마음을 집중·유지시키는 '마음지킴'의 수련을 하도록 코 끝이나 배의 상태에 집중하도록 한다. 이러한 방법은 바로 '알아차림'과 '마음지킴'의 수행에 효과적이라 한다.

'알아차림'이란 편견이나 왜곡됨이 없이 있는 그대로[如如]를 분명하게 알아차리는 것이다. 즉 몸으로 일어나는 현상, 느낌으로 일어나는 현상, 마음으로 일어나는 현상, 법에 대한 현상에 대하여 그때그때 명확히 알아차린다는 것이다. 이렇게 모든 대상에 대하여 그때그때 명확히 알아차림을 통하여 현재에 충실할 수 있게 되는 것이다. 항상 깨어있는 마음상태로 사물과 자신을 있는 그대로 진실되게 볼 수 있게 되는 것이다.

'마음지킴'이란 원래의 말뜻은 '잊지 않음[不忘]'이다. 즉 깨어있는 의식으로 일정한 집중상태를 유지하는 기능을 말한다. 마음이 들어가고 나가는 문은 바로 육근이다. 눈·귀·코·혀·몸·뜻의 육근이 바깥의 대상과 만날 때 마음이 작용하게 된다. 그 육근을 지키고 있는 문지기의 역할이 바로 '마음지킴'이라 할 수 있다.

불교에서는 '여여(如如)'하다는 표현을 자주 한다. 진리 그대로의 모습이 바로 '여여'인데, 매순간 여여하게 사물을 볼 수 있다면 얼마나 좋겠는가? 그런데 집착에 의하여 떠오르는 잡념으로 인하여 여여하게 사물을 볼 수가 없다. 잡념에 사로잡혀 있다는 사실을 깨닫는 것을 '알아차림'이라 한다면, 그 마음을 되돌려 일정한 집중상태를 유지하는 것을 '마음지킴'이라 할 수 있다.

위빠사나 수행 2

마하시와 고엔카의 위빠사나 수행법

미얀마 위빠사나 수행법의 한국 전래

　　　　　현재 남방불교에서 위빠사나 수행 전통이 가장 널리 보급된 나라가 미얀마이다. 우리나라에 소개되어 수행되고 있는 위빠사나 수행법의 대부분이 바로 미얀마의 것이다. 미얀마에는 수많은 위빠사나 수행센터가 있고, 사부대중은 물론 일반인들에게도 위빠사나 수행이 개방되어 유행하고 있다.

　현재 미얀마에서 행해지는 위빠사나 수행법은 20여 종류가 된다. 이렇게 대중화된 것은 20세기에 들어와서부터이며, 일반인에게까지 수행의 기회가 열린 것은 50여 년 정도가 된다. 그 중 우리나라에 소개되어 있는 대표적인 것이 마하시와 고엔카 수행법이다. 고엔카는 근현대 미얀마의 고승인 레디 샤도우의 가르침의 전통을 잇고 있는 사람이다. 위빠사나 수행법의 실재를 알기 위하여 샤도우의 수행법과 고엔카의 수행법을 간략히 소개해 본다.

마하시 샤도우의 수행법

마하시 샤도우의 수행법에서는 본격적인 수행에 앞서 네 가지의 마음집중을 강조한다. 즉 ① 부처님의 9가지 덕에 관한 마음챙김[佛隨念] ② 모든 존재들의 행복을 기원하는 관법[慈觀] ③ 육체에 대한 부정관(不淨觀) ④ 죽음에 대한 마음챙김[死念] 이 그것이다.

이러한 예비적 과정을 거쳐 기본적인 네 단계의 수행과 향상된 단계의 수행을 전개한다.

기본적인 단계란 1단계로 배의 움직임에 대해 알아차리기, 2단계로 수행 도중 떠오르는 생각을 알아차리기, 3단계로 몸의 느낌을 관찰하기, 4단계로 장애 등에 관한 관찰 등이다.

가장 초보자가 하는 수행은 좌선을 하면서 배의 움직임을 관찰하게 하는 것이다. 숨을 들이쉴 때 배가 불러오고 숨을 내쉴 때 배가 꺼지게 된다. 배가 불러오고 꺼지는 감각을 알아차리고 이에 마음을 집중하고 지혜를 향상시켜 가는 것이다.

이어 배의 움직임을 알아차리다가 수행 도중에 떠오르는 생각을 지켜보는 것이다. '상상' '생각' '의도' '헤맴' 등등 마음에서 일어나는 생각들을 지켜보고 그것이 사라질 때까지 관찰한다. 생각이 사라지면 다시 일차적인 알아차림의 대상인 배의 움직임으로 돌아간다.

이어 몸의 느낌을 관찰하는 것이다. 좌선을 오래 하게 되면 몸이 뻣뻣해지는 느낌을 경험하게 된다. 이럴 때 몸의 부위를 '피곤함' '뻣뻣함'으로 알아차린다. 또 가려움이 생기면 '가려움'하고 알아차린다. 가려운 부분을 긁으려고 하면 그 의도를 알아차리고, 가려워 긁게 되면 긁음을 알아차린다. 이러한 과정을 반복하여 관찰력이 향상되면 그것을 극복할 수 있다. 또 걷기 수행을 하면서 걸으려는 의도를 알아차리고, 걸음의 동작에 있어서 '왼발' '오른발'을 알아차린다. 또 '발을 듦' '나아감' '발을 놓음' 등 세 단계로 나누어 몸의 움직임을 알아차린다.

네 번째 단계로서 수행 도중 오는 마음의 장애를 관찰하는 것이다. 수행 도중 게으름을 피우고 싶은 생각이 일어나기 마련이다. 그러한 때에는 '게으름'하고 알아차린다. '마음지킴'과 마음집중과 지혜가 충분히 강해지기 전에는 수행에 대한 회의와 의심이 밀려오기 마련이다. 이때는 '의심'하고 알아차린다. 또 수행의 좋은 결실을 원하는 마음이 생기면 '원함'하고 알아차리며, 수행에 진전이 없다는 후회의 마음이 생기면 '후회'하고 알아차린다.

이러한 기본적인 수행의 향상된 단계로서 지혜가 드러나게 된다. 기본적인 수행을 열심히 하게 되면 무상·고·무아에 대한 자각이 일어나게 된다. 즉 알아차림의 수행으로 배의 일어남과 사라짐, 그것을 알아차리는 마음을 알게 된다. 마음지킴의 수행을 통하여 몸과 마음의 현상을 구별할 수 있는 능력이 있게 된다. 또 몸의 움직임에 앞서 의도가 있었다는 사실을 자각하게 되고 몸과 마음에서 일어나는 모든 현상들이 원인과 조건이 있었다는 것을 알게 된다. 또 일어난 모든 현상은 결국 사라지며 영원한 것은 없다는 무상함을 자각하게 된다. 그 무상한 것은 두렵고 고통스럽다는 고를 자각하게 되며, 괴로운 것에는 불변하는 자아가 없다는 무아를 자각하게 되는 것이다.

이와 같이 무상·고·무아 등에 대하여 완전히 알게 되면 모든 조건지어지는 현상에 대하여 평정한 마음의 상태를 얻게 되고, 이러한 현상이 소멸된 경지인 열반 즉 마음의 평온과 행복을 얻게 되는 것이다.

사마타 수행과 위빠사나 수행을 병행하는 고엔카 수행법

고엔카 수행법의 특징은 사마타 수행과 위빠사나 수행을 병행하는 것이다. 그는 콧구멍을 통한 호흡에 집중하는 것으로 수행방법을 삼고 있다. 처음에는 사마타 수행을 하지만 곧 위빠사나 수행으로 전환하는 것이 특징이다. 사마타 수행을 통하여 근접삼매에까지 도달하게 하고 그것을 바탕으로 위빠사나를 닦아 나아가게 한다. 고엔카는 위빠사나 수행을 사물을 바라봄에 있어서 사물의 있는 그대로의 본성을 그대로 관찰하는 방법으로 이해한다.

자신의 선입견에 의하여 사물을 왜곡되게 바라보는 것이 아닌, 있는 그대로 사물을 관찰하게 되면 맹목적인 반응을 멈추게 되고 번뇌를 일으키는 것도 멈추게 된다. 그렇게 되면 모든 고통에서 벗어나 행복을 경험하게 되는 것이다.

고엔카는 실재 수행법으로 10일 코스, 30일 코스 등을 개발하여 구체적으로 수행자를 지도한다. 하루 8-10시간 수행을 하고 매일 인터뷰가 있고 저녁에 법문시간이 있다. 묵언을 주로 하면서 개별적인 질문을 위해 질문시간을 할애하고 있다.

고엔카의 〈위빠사나 10일 코스 수행법〉과 〈하루의 일정〉을 소개하면 다음과 같다.

● 위빠사나 10일 코스 수행법

【 첫째 날 : Ānāpānasati 수행 】

호흡을 할 때 주의력, 마음챙김, 알아차림(sati)을 제한된 범위, 즉 콧구멍 입구와 그 내부에 고정시키기 위해 들어오고 나가는 호흡의 자연스러운 흐름을 꾸준히 지켜본다. 알아차림이 분명하지 않을 때에는 호흡을 약간 세게 하여 알아차림을 분명히 한다.

【 둘째 날 】

호흡의 들숨 날숨을 꾸준히 지켜봄과 더불어, 호흡이 콧구멍 안쪽 벽과 바깥 구멍, 아니면 인중 부분(콧구멍 아래, 윗입술 위)을 접촉하는 것을 주의 깊게 살펴본다.

【 셋째 날 】

① 윗입술을 기반으로 콧구멍 전체 부분을 포함하는 코의 삼각형 부분에 주의 집중한다.

② 어떠한 감각이든지 이 제한된 부분에 나타나는 감각을 객관적으로 관찰하며, 이 부분을 벗어난 곳에서 경험되는 감각은 무시한다.

③ 이 삼각형 부분에서 아무런 감각도 느낄 수 없을 때에는 호흡이나 호흡의 접촉을 알아차리면 되고, 그 부분에 감각이 일어나자마자 주의를 그 감각에 기울이면 된다.

【 넷째 날 오후 : 감각을 관찰하는 위빠사나 수행 】

① 집중된 주의를 신체의 어떤 부분도 빠뜨리지 말고, 머리 끝 정수리에서부터 발가락 끝까지 부분별로 옮겨가며 피부에 느껴

지는 모든 감각을 객관적으로 관찰한다.

② 관찰하는 순서는 정수리에서 시작해서 머리카락이 있는 두개골 부분, 이마를 비롯해서 귀를 포함하는 안면부, 오른쪽 어깨로부터 상박부 · 팔꿈치 · 하박부 · 손목 · 손 · 손가락 순서로 관찰해 내려오고, 반대편 왼팔도 같은 요령으로 관찰한 뒤, 목 · 가슴 · 복부 · 하복부 순서로 상체의 앞면을 관찰하고, 마찬가지로 뒷목에서부터 시작해서 상체의 뒷면도 점검하며, 하체도 같은 요령으로 점검해 나간다. 즉, 오른쪽 허벅지부터 시작해서 무릎 · 장딴지 · 발목 · 발 · 발가락 순으로 관찰하고 왼쪽 다리도 같은 방법으로 점검해야 하며, 몸의 어떤 부분도 빠뜨리지 말아야 한다. 이와 같이 머리 정수리부터 발가락 끝까지 몸 전체에서 일어나는 감각들을 차례대로 관찰해 나가는 것을 계속 반복한다.

【 다섯째 날 】

넷째 날과 동일한 방법으로 머리끝에서 발끝까지, 위에서 아래로 한 방향으로만 마음을 예리하게 집중시켜 세밀하게 계속 관찰해 나간다.

【 여섯째 날 】

머리끝에서 발끝까지, 다시 발끝에서 머리끝까지 위에서 아래로,

아래에서 위로 주의를 왕복해서 옮겨가며, 몸의 각 부분에서 일어나는 감각을 아주 객관적으로 평정심을 유지하며 관찰한다.

【 일곱째 날 】

머리끝에서 발끝으로, 그리고 발끝에서 머리끝으로 의식을 옮겨가는 동안, 가능한 많은 부분을 동시에 좌우 대칭적으로 지켜보며, 감각이 느껴지지 않은 부분은 다음 차례에 그 부분들만 개별적으로 점검한다. 지속적으로 관찰해 나가다 보면 몸 전체에서 혹은 부분적으로 감각의 자연스런 흐름(free flow)을 느낄 것이다.

【 여덟째 날 】

① 이렇게 몸을 위 아래로 왕복하면서, 마치 한 양동이의 물을 머리 위에 부었을 때 일어나는 것같이 자연스런 에너지의 흐름(free flow)으로 가능한 몸의 많은 부분을 훑고, 느껴지지 않았던 나머지 부분들은 개별적으로 점검한다.

② 이때 굳거나 강렬하며 거친 감각이 있는 부분에서는 자연스러운 흐름(free flow)이 일어나지 않는 반면, 부드럽고 미세한 감각이 있는 곳에서는 어디든지 막힘없는 자연스러운 흐름(free flow)을 느끼게 된다.

③ 비록 자연스러운 흐름(free flow)을 몸 전체에서 다 느낀다 할지라도, 한두 번 전체적으로 훑어 내린 뒤 다시 몸의 각 부분에

개별적으로 의식을 통과시켜야 한다.

【 아홉째 날 】

① 만일 자연스러운 흐름이 온몸에 걸쳐 일어나는 경우, 의식을 신체 내부로 투사하기 시작한다. 즉 신체 앞면에서 뒷면으로, 뒷면에서 앞면으로, 좌에서 우로, 우에서 좌로 신체를 관통하면서 관찰한다.

② 이때 내부에서도 어디 한군데 막힘없이 자연스러운 흐름이 일어나게 되면, 같은 방법으로 중추신경을 관통하면서 관찰한다.

③ 결코 과정을 건너뛰지 말 것이며, 중추신경을 통해서도 막힘없는 자연스러운 흐름이 일어날 경우에도 오랫동안 축적되어 온 상카라(saṅkhāra)는 이제부터 떠오르기 시작한다는 것을 알고 평정심을 유지하며 관찰을 계속해나간다.

【 열째 날 : 자비관(Mettābhāvanā) 수행 】

신체에서 자연스러운 흐름(free flow)이 일어나는 부분이 어디든지 그 흐름에 모든 존재가 행복하기를 바라는 마음을 방사한다.

● 하루 수행 일정표

4시	기상 벨
4시 30분 ~ 6시 30분	선실이나 개인 방, 혹은 개인 수행실(cell)에서 수행
6시 30분 ~ 8시	아침 식사 및 휴식
8시 ~ 9시	선실에서 그룹 수행(Group Sitting)
9시 ~ 11시	인터뷰(지도에 따라 선실이나 방, cell에서 수행)
11시 ~ 12시	점심 식사
12시 ~ 13시	개인 면담(선택사항) 및 휴식
13시 ~ 14시 30분	선실이나 방, 셀에서 수행
14시 30분 ~ 15시 30분	선실에서 그룹 수행
15시 30분 ~ 17시	선실이나 방, cell에서 수행
17시 ~ 18시	차시간 및 휴식
18시 ~ 19시	선실에서 그룹 수행
19시 ~ 20시 30분	저녁 법문
20시 30분 ~ 21시	선실에서 수행(다음날의 수행법지도)
21시 ~ 21시 30분	질문시간(선택사항)
21시 30분	소등

(김재성, 〈현대의 위빠사나 수행〉《수행법연구》, pp. 814-817, 조계종출판사. 내용 옮김)

위빠사나 수행3

위빠사나와 간화선의 차이

수행법의 우열이 아닌 차이로 접근해야 하는 간화선과 위빠사나

모든 불교의 수행은 깨달음을 향해 있다. 그렇기 때문에 하나의 수행에 전일하는 것이 중요하다. 여러 수행을 겸해도 나쁠 것은 없지만 하나의 수행만 열심히 해도 깨달음에 들 수 있는 것이다. '하나' 속에 모든 것이 갖추어져 있기 때문이다. 또 하나하나 완결된 구조를 가지고 있기 때문이다. 남방불교의 위빠사나 수행법 또한 마찬가지이다.

간화선과 위빠사나의 우열을 논하는 것은 어떤 면에서 무의미하다. 수행법의 '차이'이지 '우열'의 문제로 접근하면 안 된다. 따라서 어떠한 차이가 있는 것인가를 제대로 이해하는 것이 중요하다. 간혹 무엇인가 새로운 것이 들어오면 자신의 것을 버리고 새로운 것을 지나치게 추종하거나 혹은 무조건 배척하는 태도를 보이곤 하는데, 그것은 모두 바람직하지 않다. 서로 '차이'가 있으며, 또한 모든 수행이 하나하나 완전한 구조를 가지고 있어서 각자의 수행을 통하여 깨달음에 이를 수 있다는 것을 인정할 필요가 있다. 자신이 하고 있는 수행에 더욱 철저할 필요가 있다는 것이다.

위빠사나 수행을 강조하는 사람들은 위빠사나 수행법이야말로 석가모니 부처님이 수행하였기 때문에 가장 중요한 불교수행법이라고 주장한다. 부처님이 직접 수행하였다는 이유를 들어 권위를 부여한다. 그러나 한국 승가의 주된 수행법은 간화선이다. 간화선이야말로 역대 수행법 중 가장 빠르게 깨달음에 도달할 수 있는 최고의 수행법으로 여긴다. 간화선 수행 전통의 입장에서 볼 때 위빠사나 수행은 소승의 초보적인 수행법일 뿐이다.

위빠사나와 간화선의 차이

그 동안 위빠사나와 간화선의 차이, 혹은 그 우열을 드러내기 위하여 몇 차례의 토론이 있었다. 그 중 위빠사나와 간화선의 차이점에 대하여 인경 스님은 이렇게 말한다.

위빠사나란 용어는 '일정한 거리를 두고서 본다'라는 뜻이다. '떨어져서 본다'고 할 때, 그 대상은 바로 법(法, dhamma)이다. 간화선(看話禪)에 있어서 간화(看話)란 '선문답(화두)을 본다'는 의미로, 결국 그것은 성품을 보는[見性] 일과 다르지 않다. 견성(見性, 혹은 看話)과 위빠사나, 그 낱말의 의미만을 비교해 보면, '본다'는 작용이란 측면에서 결코 다르지 않다. 다만 '보는 대상'이 서로 다르다. 초기불교에서는 법(法)이 중요한 대상이지만, 대승불교에서는 법(法)보다는 성품[性]이 중요한 대상으로 떠오른다. 즉 보는 대상으로써 위빠사나에서는 법(法)을 중시하고 간화선에서는 성품(性)을 중시하는 것이다.

위빠사나의 법(法)과 간화선의 성품(性品)

그렇다면 위빠사나에서 중시하는 법(法)과 간화선에서 중시하는 성품[性]에는 어떠한 차이가 있을까?

첫째, '본다[見]'고 할 때, 그 성격에서 차이가 난다. 초기불교의 사념처(四念處)에서 몸[身]·느낌[受]·마음[心]·법(法)에 '주목하여 본다'고 할 때, 그곳에는 분명하게 보는 대상으로써 법(法)의 존재를 전제한다. 그러나 선불교에서 성품을 본다[見性]는 입장은 전혀 다르다. 견성(見性)에서 봄[見]은 어떤 대상을 본다는 의미가 아니라, 오히려 성품 그 자체를 체득한다는 의미이다. 위빠사나가 대상을 하나하나 따라가면서[隨觀] 본다면, 간화선에서는 마음의 거울에 비추어진 대상보다는 거울 자체의 성품에 '즉각[卽是]' 계합하는 것이다.

둘째, 사물을 바라본다고 할 때, 사물[色]은 인식대상에 해당되고, 바라보는 측면[眼]은 주체적인 측면을 나타낸다. 그런데 위빠사나에서 말하는 법(法)이 어떤 사물의 상태나 성질을 포함하고 있다면, 간화선에서 성품[性]은 대상에 대한 작용을 의미한다. 이는 거울에 비유할 수 있는데, 거울은 대상과 관계없이 스스로 비추는 성품을 가지고 있다. 그런데 이 '비추는 성품'이란 대상에 감응하는 작용과 다른 것이다. 위빠사나는 무아(無我) · 무상(無常) · 고(苦)라는 세 가지의 모습[三相]을 바라보지만, 간화선에서 성품을 본다는 것은 특별한 대상이 아니라 '밥 먹고 일하는 그 일상 자체 그대로' 한가롭게 존재하는 것일 뿐이다.

셋째, 위빠사나에서 말하는 법(法)이란 어떤 모습으로써 인식의 대상이 되지만, 간화선에서 말하는 성품[性]은 정작 자신에게 대상화가 되지 않는다는 점이다. 이를테면 눈[眼識]을 보자. 눈은 대상을 향하여 작용하고 분별하지만, 스스로를 인식하고 분별하고 보지 못한다. 눈은 늘 밖으로 향하여 있어서 대상[六境]을 보지만, 대상을 본다고 하는 그 자신의 성품을 보지 못한다. 그렇기 때문에 눈[眼識]의 성품은 스스로 작용할 뿐, 그 자신에 대해서는 대상화하여 분별하거나 인식하지는 못한다. 간화선에서 말하는 성품은 이러한 눈과 같이 다만 자신 그 자체를 통해서만 드러나고 경험할 수 있을 뿐이다.

현대인의 개인주의와 개인적 수행풍토인 위빠사나의 만남

위빠사나와 간화선 수행의 차이에 대한 인경 스님의 지적처럼 간화선 수행과 위빠사나 수행은 차이가 분명히 드러나고 나름의 장점을 간직하고 있다. 그럼에도 불구하고 위빠사나 수행자들은 위빠사나 수행은 단시간 내에 수행의 효과를 분명히 느낄 수 있는 반면 간화선 수행의 경우 오랫동안 수행을 하여도 그 효과가 없다는 말을 종종 한다. 그것은 수행 지도법의 차이를 말한다고 할 수 있다. 즉 위빠사나 지도자들이 현대인에게 맞는 프로그램을 개발하는 데 앞서 있다는 말이다.

승가만이 아니라 일반인들이 자유롭게 수행에 참여할 수 있는 위빠사나 수행센터는 그 동안 몇몇 선원 수좌들에게만 접근할 수 있는 간화선 선원과 극명한 대조를 이룬다. 또한 개인주의가 지배하고 있는 현대인의 생활구조 속에서 바라볼 때 공동체의 생활이 근간이 되는 선원의 수행풍토보다는 개인적인 숙소와 개인적인 수행 공간으로 셀(Cell)을 제공하는 위빠사나 수행풍토가 상대적 우위를 점유한다고 볼 수 있다. 간화선 지도자가 배워야 할 점이다.

간경 수행 1

간경 수행의 의미와 정의

경전을 지침으로 삼는 간경 수행

불교는 깨달음의 종교이다. 불(佛)은 각(覺) 즉 깨달음을 말한다. 깨달음이란 석가모니 부처님이 최초로 깨달은 진리를 의미하며, 또한 우리가 수행을 통하여 깨달아야 하는 진리를 의미한다.

경(經)이란 부처님께서 정각을 이루시고 45년 동안 설한 법(法)에 대한 가르침이다. 따라서 우리가 깨달음에 이르기 위해서는 부처님께서 설하신 경전을 수지독송(受持讀誦)함으로써 그 경전의 내용을 내 것으로 만드는 것이 필요하다. 부처님이 설하신 경전을 읽고 암송

함으로써 그 뜻이 마음속에 드러나고 결국 부처님과 같이 마음을 밝힘으로써 깨닫게 되는 것이다.

이와 같이 간경 수행이란 불교수행자가 중생의 무명을 걷어 버리고 부처의 불성을 드러내는 나침반이자 등대와 같은 역할을 한다. 불교란 석가모니 부처님의 깨달음에서 출발한다. 따라서 석가모니 부처님이 설한 법의 내용을 모르거나 자신의 깨달음의 내용이 부처님이 깨달은 내용과 하나가 되지 않는다면 불교라 할 수 없다.

부처님께서는 45년이란 긴 세월 동안 하루도 빠짐없이 다양한 근기의 중생들이 깨달음에 이를 수 있도록 법문을 설해 주셨다. 따라서 수행자들은 부처님이 깨달으신 진리의 내용인 경전을 수행의 지침으로 삼아야 하는 것이다. 모든 수행의 옳고 그름을 판별하는 기준도 1차적으로 부처님의 경전에 근거해야 한다.

석가모니 부처님 사후 부처님의 수제자인 마하가섭이 중심이 되어 결집을 통하여 경과 율을 만들게 된다. 그리고 시간이 지나면서 경과 율에 대한 해석서인 논을 제정함으로써 경·율·논의 삼장이 형성된다. 이 삼장이 법보로서 받들어지는 것은 바로 법에 대한 내용을 담지하고 있기 때문이다. 따라서 이러한 부처님의 경전을 읽고 암송하는 간경 수행이야말로 불교수행의 기초가 될 수밖에 없는 것이다.

자신의 마음에 비추어 보는 간경 수행

다만 경전의 가르침은 부처님이 깨달으신 마음의 내용을 밝힌 것이고 모든 중생들이 스스로 마음을 깨달음으로써 부처가 될 수 있게 하는 가르침이다. 따라서 스스로의 마음을 깨달으려는 노력을 기울이지 않으면 부처님의 말씀을 제대로 이해할 수 없는 것이다. 그러기에 청허 휴정은 《선가귀감》에서 다음과 같이 말씀하신 것이다.

"경을 보되 자기의 마음속을 향하여 공부를 지어 가지 않으면, 비록 만권의 장경을 다 보았다 하더라도 아무런 이익이 없으리라."

경을 살펴되 그냥 보는 것이 아니라 자신의 마음을 비추어 보아야 하는 것이다. 팔만사천의 부처님 경전은 바로 '마음'에 대한 내용이기 때문에 자신의 마음을 통하여 체험하고 확인하지 않고서는 부처님 말씀을 이해할 수 없다는 것이다. 경전의 말씀이 우리 몸에 체화되면 그 경전 구절을 망각하지 않고 마음속에 오래 간직하게 된다. 즉 간경을 통해 외운 경전 구절은 잊히지 않는 것이다. 그저 부처님 말씀을 지식의 습득으로 생각하여 자꾸 외우려고 하면 오히려 외워지지도 않을뿐더러 아상만 키우는 결과가 된다.

한국불교의 대표적인 종단인 대한불교조계종의 승려법에는 "승려는 불조의 혜명을 이어받고 견성성불 전법도생하기 위하여 참선 · 염불 · 간경 · 주력 등의 수행에 매진하여야 한다."고 하여 간경을 4대 수행법의 하나로 제시하고 있다. 이처럼 간경은 예나 지금이나 불교의 중요한 수행법으로 자리매김하고 있다.

간경 수행의 여러 가지 명칭

간경 수행은 간경이란 말 이외에도 독경(讀經) · 전경(轉經) · 풍경(諷經) · 독송(讀誦) 등 여러 가지 명칭으로 불리고 있다. 이렇게 여러 가지의 이름으로 불리게 되는 이유는 그만큼 간경이 중시되었기 때문이며, 광의의 의미로 모두 간경 수행이라 할 수 있다.

다만 이들을 구별하여 살펴보자면 간경과 독경을 구별하여 말하곤 하는데, 그럴 때의 간경(看經)이란 경전을 본다는 의미에서 소리를 내지 않고 보는 것을 말하며, 독경(讀經)이란 소리를 내어 경전을 읽는 것을 의미한다. 또 전경(轉經)이란 경전을 마음 속 깊이 굴린다는 의미로 경전의 말씀을 음미하고 그것을 내 안에서 살아있게 하는 것을 의미한다. 풍경(諷經)은 경전을 보지 않고 외우거나 노래한다는 뜻으로 독경의 형태가 외우는 데까지 나아가고 그것이 곡조를 타 노래한다는 것을 말한다.

이를 좀더 구체적으로 살펴보자면 경전을 보는 측면에서는 간경과 묵독(默讀)으로 구별할 수 있다. 또 경전을 읽는 측면에서는 독경(讀經)·송경(誦經: 諷誦, 唄)·염경(念經)으로 구별할 수 있다. 행법(行法)적 측면에서는 독경(讀經)·풍경(諷經)·간경(看經)으로 구별하며, 양태(樣態)적인 측면에서는 진독(眞讀)·독경·전번경권(轉飜經卷: 轉經)·전독(轉讀)으로 구별한다. 또 도구(道具)적 측면에서 묵독(默讀)·심독(心讀)·신독(身讀)으로, 장소적 측면에서 풍경·전독·간경 등으로 구별할 수 있다.

우리는 경전을 통해 불법을 배운다. 불교를 제대로 실천하기 위해서는 무엇보다도 먼저 부처님의 말씀을 바로 알아야 한다. 경전에 대한 이해가 선행되지 않으면, 즉 불법에 대한 정견(正見)과 가치관이 정립되지 않으면 그것이 선이든 염불이든 주력이든 그 어떤 수행이라도 뿌리와 근거를 잃게 되기 마련이다. 물론 경전은 이해하고 분석하는 대상이 아니다. 부처님을 눈앞에 대하고서 진리의 말씀을 듣는 마음으로 경전을 대해야 하며 경전의 내용을 확고한 진리로 받아들여야 한다. 이러한 믿음이야말로 수행의 출발점이다.

간경 수행 2

경전의 선택과 《금강경》의 공덕

각 종파의 소의경전은 간경과 독경의 대상

어떠한 경전을 선택하여 독경 내지 간경해야 할까? 사홍서원의 하나로 '법문무량서원학(法門無量誓願學)'이 있다. "헤아릴 수 없이 많은 법문을 기필코 다 배우기를 서원합니다."라는 내용이다. 이처럼 대승의 마음을 낸 사람이라면 아무리 많고 어려운 법문이라 하더라도 기필코 다 배워야 할 것이다. 원칙적으로 간경의 대상은 부처님께서 한평생 설하셨던 모든 가르침이라 할 수 있다. 즉 경(經)·율(律)·론(論)의 삼장(三藏) 모두가 해당된다. 물론 선종에서는 조사들의 어록 또한 간경의 대상으로 삼는다.

그러나 독경·간경의 실제 대상으로 팔만대장경을 모두 상정한다는 것은 무리가 따른다. 한 개인이 수많은 경전을 수지·독송한다는 것은 어려우며 현실적으로도 불가능한 일이다. 따라서 수많은 경전 중에서 자신이 속하는 종파나 개인적인 신행에 맞는 경전을 선택하는 것이 바람직하다. 불교에서는 각 종파가 깨달음을 얻기 위해 의지하는 가장 중요한 경전을 '소의경전'이라 한다. 따라서 소의경전을 간·독경의 대상으로 삼는 것이 좋을 것이다.

천태종과 법화종은《묘법연화경》, 정토종은《정토삼부경》, 진언종은《이취경》·《금강정경》, 법상종은《성유식론》, 삼론종은《중론》·《백론》·《십이문론》, 남산율종은《사분율》, 대한불교조계종은《금강경》과《전등법어》, 한국불교태고종은《금강경》·《화엄경》을 소의경전으로 삼고 있다.

현실적으로 불자들이 간경 수행을 가장 많이 하고 있는 경전은《금강경》이다. 그리고《반야심경》과《천수경》은 간경의 대상으로 삼는 경우도 있지만 일반 불교의식 중에서 상시적으로 독경되는 경전이다. 그 밖에 법화종과 천태종의 소의경전인《묘법연화경》은 독경과 사경의 대상으로 많이 애용되고 있으며,《원각경》〈보안보살장〉,《아미타경》, 〈화엄경약찬게〉,《화엄경》〈보현행원품〉,《부모은중경》,《지장경》,《원각경》,《능엄경》,《육조단경》,《신심명》,《증도가》 등도 많은 사람들이 간경의 대상으로 삼는 경전들이다.

《금강경》의 간경 독송으로 열리는 지혜

왜 불자들이 《금강경》을 가장 많이 간경 · 독송하는 것일까? 실제로 주위에서 《금강경》을 매일 아침저녁으로 독송한 결과 자신의 소원이 성취되었다는 사람들이나 자신의 삶이 완전히 바뀌었다는 말을 하는 사람들이 많다. 이러한 《금강경》의 위신력을 믿고 독경하는 사람들도 있다. 또는 조계종과 태고종의 소의경전이자 육조 혜능 스님이 견성한 경전이기 때문에 《금강경》을 독경하는 사람들도 있다. 또는 전체적인 분량이 30~40분 정도로 독송하기에 알맞은 경전이기 때문에 《금강경》을 독송하는 사람들도 있고, 운율과 리듬이 있고 반복과 부연설명이 많아 독송하기에 매력이 있다는 사람들도 있다.

그러나 무엇보다도 《금강경》을 찾는 이유는 내용 속에 담긴 사상일 것이다. 《금강경》은 대승불교의 초기 사상인 반야 공(空) 사상을 대표하는 경전이다. '금강경'의 본 이름은 '금강반야바라밀다심경'이다. '금강'이란 금강석을 말하는데 금강석과 같이 단단하고 변하지 않음을 말한다. '반야'란 지혜를 말하는데, 분별하고 사량하는 이성작용이 아닌 분별을 뛰어넘는 직관적인 지혜를 말한다. '바라밀다'란 깨닫지 못한 중생을 깨달음의 세계인 피안의 세계로 넘어가게 하는 것을 말한다. '심경'이란 마음의 경전을 말한다. 즉 금강석과 같은 반야의 지혜로서 무명을 부수고 깨달음의 세계로 넘어가게 하는 마음의 경전이 바로 《금강경》이다.

부처님의 제자 중 지혜가 제일 수승한 사리불이 부처님께 이렇게 묻는다.

"부처님! 선남자 선여인이 아뇩다라삼먁삼보리심을 발하였다면 이 마음을 어디에 머물러야 하며, 또 어떻게 항복받아야 하는 것입니까?"

'선남자 선여인'이란 대승의 발심수행자를 말한다. '아뇩다라삼먁삼보리심'이란 최고로 높은 바른 깨달음의 경지를 말한다. 부처님의 제자 중 지혜가 가장 높은 수보리가 부처님께 던지는 질문이다. 물론 우리를 깨달음의 세계로 인도해 줄 금강석 같은 반야지혜는 이 마음속에 있다. 따라서 이 마음을 제대로 머무르게 하고 항복받으면 된다는 것까지는 알겠는데, 그 구체적인 방법을 모르겠기에 수보리는 간절히 부처님께 묻고 있는 것이다.

"수보리야! 무릇 상(相)이 있는 것은 모두 허망한 것이다. 만약 모든 상이 있는 것에서 본래 상이 없음을 알아보게 된다면 곧 여래의 경지를 보는 것이다."

상(相)이란 무엇일까? '서로 상'이라고 해석하면 도무지 이해가 되지 않는다. 오히려 상(想), 즉 '생각 상'으로 이해하는 것이 쉽다. 자기의 몸과 마음 등에 대하여 잘못 집착하고 있는 모습, 생각이 바로 상이다. 나라는 아상(我相), 인간이라는 인상(人相), 중생이라는 중생상(衆生相), 목숨이 붙어 있는 것이라는 수자상(壽者相) 등의 네 가지 상에 빠져 있는 것이 우리 중생들의 가장 큰 병이라고《금강경》에서는 말하고 있다. 따라서 '상'으로 되어 있는 것은 본래 실체가 아니라 허망한 것이라고 말하는 것이다. 그리하여 모든 상을 보되 그것이 허망한 것임을 동시에 볼 수 있는 지혜가 열려야 한다는 것이다. 그것이 바로 공(空)이며 연기의 입장에서 바라보기 때문에 가능한 것이다.

"수보리야! 모든 보살은 마땅히 이와 같이 청정한 마음을 내야 한다. 색에 머물러 마음을 내지 말며 성·향·미·촉·법에 머물러서도 마음을 내지 말며, 마땅히 머무르는 바 없이 그 마음을 내야 한다."

《금강경》 독송으로 얻게 되는 보살의 마음

'보살'이란 대승불교의 이상적인 인물이다. 나만의 깨달음이 아닌 일체중생을 깨닫게 하려는 보리심을 낸 사람이자, 미래에 부처가 될 기별을 받은 예비부처이다.

수보리는 '우리의 생각, 우리의 마음이 모두 상에 걸려 있기 때문에 그 본질이 허망한 것이라면 우리의 마음작용 모두가 무의미한 것이 아닌가?'라는 생각을 가질 수 있다. 그런데 부처님은 위와 같이 말씀하신다. 항상 청정한 마음을 낼 수 있는 것이다. 그것은 바로 '머무는 바 없이 내는 마음'이다. 이것과 저것, 좋음과 싫음, 주관과 객관을 분별하고 그 분별된 것에 머무르며 집착하는 그 마음을 떠난 자유로운 마음이 바로 보살의 마음이며 청정한 마음이다. 나와 남의 분별이 없기에 베풀어도 베푼다는 상을 내지 않게 된다.

매일 이러한 《금강경》을 독송하다 보면 발보리심을 내게 되고, 선남자 선여인이 되고, 수보리가 되고, 보살이 된다. 상에 빠져 있는 자신을 보게 되고, 그 상이 허망하다는 것을 알게 되고, 그것이 참다운 자기가 아님을 알게 된다. 자신이 그토록 집착하던 간절한 소망도 사실은 허망한 상이어서 그 실체가 없으며 따라서 구할 것이 없음을 느끼게 된다.

간절한 소망이 사실은 자신의 헛된 망상이라는 것을 자각한 순간

더이상 소망할 것이 없게 되며, 그렇게 되는 순간 그 소망은 저절로 이루어진다. 이 순간 《금강경》의 독송은 더이상 경전의 내용이 아니라 마음의 작용이 되며, 그의 삶 전부가 《금강경》으로 전환되는 것이다.

간경 수행3

간경의 수행 체계

선의 체험과 간경의 병행은 한국불교의 선교일치 전통

한국불교는 선(禪)의 전통이 강하다. 그래서 사교
입선(捨敎入禪)이라고 말한다. 처음에 경전을 통하여 공부하지만 어
느 순간 교(敎)를 버리고 선에 들어가야 하는 것이다. 교란 부처님의
말씀이고 선은 부처님의 마음이다. 불교란 깨달음의 종교이고 체험
의 종교이다. 따라서 말씀만이 아닌 마음을 체득하는 경지에까지 나
아가야 한다. 그런 뜻에서 보면 사교입선이란 분명 일리가 있다.

그런데 강원의 교육체계는 사미과 · 사집과 · 사교과 · 대교과의
순으로 되어 있다. 사집과에서는 대혜의《서장》과 고봉의《선요》, 종

밀의 절요에 보조가 사기를 붙인《법집별행록절요병입사기》, 종밀의 《선원제전집도서》 등을 공부한다. 그리고 이후에 사교과에서《능엄경》,《금강경》,《원각경》,《대승기신론》을 공부한다. 그리고 대교과에서《화엄경》과《선문염송》과《전등록》 등을 공부한다.

이 같은 승가교육 체계를 살펴보면 사교입선의 방향이 아닌 오히려 선을 먼저 공부하고 그것을 통하여 교를 바로 이해하는 선선후교(先禪後敎)의 입장이라 할 수 있다. 즉 사집과의《도서》와《절요》는 선종의 제종파를 분류하여 볼 수 있는 안목을 키우는 내용이고,《선요》는 간화선의 지침서이고,《서장》은 간화선 수행자가 공부과정에서 체험하는 문제에 대한 안내서이다. 즉 사집과정이란 실질적으로 선 수행을 할 수 있도록 하는 교육이라 할 수 있다. 이러한 교육을 통하여 선 수행을 병행하게 되면 사교과와 대교과의 경전을 바로 이해할 수 있다고 보는 것이다.

이러한 한국 승가의 교육체계는 사교입선의 입장을 잘못 반영하고 있는 것이 아니다. 교가 부처님의 말씀이며 선이 부처님의 마음이라면 경전을 바로 이해하기 위해서는 마음을 알지 못하고는 불가능하다는 오랜 수행경험이 깔려 있는 것이다. 간경을 하고서 선에 들어가고, 선의 체험에 바탕하여 간경을 하는 쌍방의 통로가 병행되어야 함을 알 수 있다. 선과 교가 둘일 수 없으며, 선과 교는 하나라는 가장 기본적인 사실을 한국불교는 오랜 전통 속에서 지켜오고 있는 것이다.

간경 수행의 형태와 단계

간경에 대한 오랜 전통에도 불구하고 지금 간경 수행을 하고 있는 개인이나 단체를 막론하고 수행체계에 대하여 정리된 바가 없다. 그런데 간경 수행의 형태를 살펴보면 몇 가지의 단계로 체계화 할 수 있다. ① 경전의 선택 ② 경전의 해석 ③ 지속적인 독송 ④ 경전의 뜻이 드러나기 시작함 ⑤ 경전의 본뜻 파악 ⑥ 경전의 진실상에 대한 깨달음 ⑦ 구체적 생활 속에서의 지혜의 활용 등의 단계가 그것이다.

첫째, '독경에 들어가기 이전 단계'로 불교에 대한 기초교리를 이해하고 자신의 신행에 맞는 경전을 선택하는 것과 선택한 경전에 대한 해석과 해설 과정이 있어야 한다. 경전에 대한 강의를 듣거나 해설서를 읽고 특히 한문으로 된 경전을 독송할 때는 한글로 의미를 파악하는 과정을 반드시 거쳐야 한다.

둘째, '독경에 임하는 준비 단계'로 독경 장소와 시간을 정하는 것이 필요하다. 독경의 장소로는 여럿이 모여 할 때는 법당에 모여하고 개인적으로 할 때는 조용하고 심신이 안정된 곳을 정해 두는 것이 좋다. 그곳에 불상이나 부처님의 사진을 걸어 두고 부처님이 바로 지금 내 앞에서 말씀을 하고 계신다는 생각으로 독송에 임한다.

셋째, '독송을 하는 단계'로 먼저 3배를 하고 경전을 편다. 그 다음 "개법장진언인" "옴 아라남 아라다"를 세 번 외우고 해당 경전에 귀의한다. 《금강경》의 경우 "나무 금강반야바라밀경", 《화엄경》의 경우 "나무 대방광불화엄경", 《묘법연화경》의 경우 "나무 묘법연화경"을 세 번 외우면서 합장 저두(低頭)한다. 그리고 소리를 내어 입으로 경전을 운율에 따라 독송한다. 이렇게 지속적으로 독송하다 보면 경전의 뜻이 드러나게 된다. 그러면 점차 경전의 뜻을 생각하면서 독송을 한다.

넷째, '삼매 단계'로 일심으로 경전을 독송하다 보면 어느 순간 삼매의 상태에 들어가게 된다. 삼매의 상태에서 경전을 독송하다 보면 경전의 본뜻이 파악되는 순간이 오게 된다. 경전의 내용이 점차 내면화되면서 경전의 내용에 대하여 하나로 통하게 된다. 이는 독경을 통하여 점차 업장이 소멸되고 지혜가 드러나는 순간이다.

다섯째, '깨달음의 단계'로 경전의 진실상이 모두 드러나는 단계이다. 경전의 내용이 글 속에 있는 것이 아니라 마음속에서 체득되어 지혜가 드러나고 심지가 평등해지는 단계이다. 이는 유식에서 말하는 전식득지요 여실지견을 갖는 경지이다. 경전의 내용 하나하나가 미묘한 부분까지 이해되고 마음속에서 활용할 수 있는 단계가 된다.

견성의 단계요 깨달음의 단계라 할 수 있다.

여섯째, '보임 수습의 단계'로 아직 제거되지 않은 미세한 습기를 제거하고 구체적인 생활 속에서 지혜를 활용할 수 있게 된다. 그러한 때가 되면 마음속에서 탐진치의 삼독심이 없게 되고, 경전의 지혜를 적재적소에 사용하고 일체의 걸림이나 막힘이 없는 행위를 하게 된다. 또한 제자를 지도할 수 있게 되고 삶 속에서 동체자비의 행위를 하게 된다.

계율과 참회 수행 1

삼학과 팔정도

부처의 삶을 향한 계율

　　　　　수행이란 중생의 삶을 부처의 삶으로 바꾸는 과정
이다. 불자의 이상적인 모습은 모든 일상이 부처님이 살아가는 모습
과 닮아가는 것이라 할 수 있다. 그러나 부처의 삶을 닮아가는 것은
쉬운 일이 아니다. 그것은 오랜 세월 행해온 중생의 습(習) 때문이라
할 수 있다.

　불자란 중생의 삶을 벗어나 부처의 삶을 살겠다고 스스로 선언한
자이다. 사람의 몸을 받고 태어나 불법을 만나는 것은 참으로 희유한
인연이다. 그러기에 '맹귀우목(盲龜遇木)'이란 비유를 드는 것이다.

태평양에 눈먼 거북이가 살고 있는데 100년마다 한 번씩 바다 위로 떠올라 목을 내미는데, 그때 바다 위에 떠돌아다니는 구멍 난 나무 조각에 목이 끼이는 인연만큼이나 불법을 만나기가 어렵다는 말이다. 그만큼 만나기 어려운 불법을 만났으니 이번 생에 기어이 부처가 되어야겠다는 서원을 하고 발심을 일으키는 것은 어찌 생각하면 자연스러운 일이다.

계율이란 중생의 몸과 마음을 부처의 몸과 마음으로 바꾸는 수행이다. 오랜 세월 동안 중생의 몸과 마음을 가지고 살아온 습을 바꾸는 것은 쉬운 일이 아니다. 그러기에 중생의 몸짓과 행동을 제어하고 통제하는 수행이 필요하며, 잘못된 행위에 대한 참회가 필요한 것이다. 계율과 참회란 불교의 여러 수행 중에서 가장 기초가 되는 수행이라 할 수 있다.

계학은 삼학의 기초

석가모니 부처님은 불제자가 배우고 닦아야 할 기본적인 가르침으로 삼학(三學)을 말하고 있다. 삼학이란 계학(戒學)·정학(定學)·혜학(慧學)이다. 초기불교에서는 계를 닦고, 계를 증장한 이후에 정(삼매)을 닦고, 정을 증장한 이후에 혜를 닦는다고 하여 계를 닦는 것이 수행의 기초가 되고 있다. 초기의 계학은 주로 출가수행자가 지켜야 할 율을 말한다. 출가자는 비구계와 비구니계 등을 반드시 지켜야 하였으며, 만약 계율을 지키지 못한 경우 승가에 의하여 벌을 받거나 혹은 승가나 대중을 향하여 참회를 함으로써 파계의 죄를 용서받고 수행자의 길을 갈 수 있었다.

팔정도에 포함된 계학

삼학에 대하여 부처님께서 구체적으로 설하고 있는 것은 팔정도이다. 팔정도란 바른 견해 · 바른 사유 · 바른 말 · 바른 행위 · 바른 생활 · 바른 정진 · 바른 일념 · 바른 선정의 여덟 가지를 말한다. 이는 부처님의 최초의 설법인 고 · 집 · 멸 · 도의 사성제의 가르침 중 도제에 해당되는 것이다. 《잡아함경》에서는 이렇게 표현하고 있다.

"어떤 것이 바른 견해인가? 선한 행위 악한 행위와 선하고 악한 행위의 갚음이 있고, 이 세상과 다른 세상이 있어, 중생의 남이 있으며, 잘 가고 잘 향한 아라한은 이 세상에서 완전히 도를 이루어 머문다. 자기의 생은 다하고, 거룩한 행이 이루어지고, 할 일을 다 마치어 후생의 몸을 받지 않는 줄을 스스로 아는 것이 바른 견해이다.

무엇이 바른 사유인가? 탐욕을 없애려는 생각, 성냄을 없애려는 생각, 해침을 없애려는 생각이 바른 사유이다.

무엇이 바른 말인가? 거짓말, 이간질하는 말, 나쁜 말, 꾸미는 말을 떠난 말이다.

무엇이 바른 행위인가? 살생과 도둑질과 음행을 떠난 행위이다.

무엇이 바른 생활인가? 의복, 음식, 침구, 탕약을 법답게 구하고 법답지 않게 구하지 않는 것이다.

무엇이 바른 정진인가? 꾸준히 힘써 번뇌를 떠나려 함이니, 부지런하고 조바심하여 항상 물러나지 않도록 하는 것이다.

무엇이 바른 일념인가? 생각을 따르고 잊지 아니하되, 헛되지 아니한 것이다.

무엇이 바른 선정인가? 마음을 어지럽지 않게 굳게 거두어 가진 고요한 한 마음이니라."

계율은 불교 수행의 기초

일반적으로 이 가운데 바른 말ㆍ바른 행위ㆍ바른 생활이 계학에 해당한다고 한다. 자세히 보면 바른 사유도 계학에 포함시킬 수 있다. 즉 우리가 업을 짓게 되는 신(身)ㆍ구(口)ㆍ의(意)의 세 가지를 바르게 하는 것이 계율을 지키는 것이라 할 수 있다. 계학이 바로 서야 정학이 이루어지고, 정학이 바로 서야 혜학이 이루어진다. 그렇게 본다면 불교 수행의 기초는 계학이라 할 수 있다.

언제부터인가 계율을 철저히 지키는 것이 수행의 기초가 된다는 사실을 간과하고 나아가 계율을 지키는 것이 직접적인 수행은 아니라는 생각까지 가지고 있다. 그러나 이러한 생각은 지극히 위험한 생각이다. 토대가 없이 건물을 짓게 되면 결국 무너지는 것과 같이 계율을 지키지 않고 아무리 높은 경지의 수행을 하였더라도 결국 무너질 수밖에 없는 것이다.

그러기에《사미율의》에서는 이렇게 말하고 있다.

"부처님 법에 출가한 이는 오하(五夏: 다섯 번의 하안거)까지는 계율을 익히고 오하를 지내고서야 교를 배우고 선을 닦는다. 그러므로 사미가 될 적에는 먼저 십계를 받고, 다음에 계단에 가서 구족계를 받는 것이다. 지금 사미들을 보면 어리석은 이는 본래 받은 계율을 아득하여 알지 못하고, 덤벙거리는 이는 소홀히 여기고 배우지 아니하면서 건너뛰어 윗자리에 나아갈 뜻을 두니, 이야말로 가히 탄식할 일이다."

계율과 참회 수행 2

포살과 자자

계율과 참회는 승가공동체의 수행법

불교의 삼보는 불·법·승이다. 그 중 승보를 승보답게 할 수 있는 것은 무엇일까? 바로 계율을 엄수하는 데서 비롯된다고 할 수 있다. 스님이 청정히 계율을 지키며 모든 생활을 법답게 하고 그러한 스님들을 신도들이 공경하고 따르며 수행해 나가는 모습이 살아있는 불교공동체의 모습이다.

수행공동체 모두가 지켜야 할 계율을 정하여 그것을 지키고, 만약 그것을 지키지 못했을 때 다른 수행자에게 자신의 범계를 참회하여 용서를 구하는 모습이야말로 참으로 소박하고 아름다운 모습이다.

자그마한 것에 만족할 줄 아는 소욕지족의 삶이 수행자의 길이다. 계율과 참회는 승가라는 수행공동체의 삶 속에서 자연스럽게 익혀온 수행법이라 할 수 있다.

행주좌와의 모든 일상의 삶 전체가 계율 아님이 없다. 비구 · 비구니 · 사미 · 사미니 · 우바새 · 우바이 누구를 막론하고 불교에 입문하는 순간 계를 받아 지닌다. 자신의 처지에 따라 5계 · 8계 · 10계 · 250계 · 348계 등 각기 다른 계를 받아 지니지만, 그것을 받아서 생명선으로 알고 지켜야 한다는 점에서는 차이가 없다.

계율과 참회 수행의 모범은 승가의 포살과 자자

계율과 참회 수행의 모범은 승가의 포살(布薩)과 자자(自恣)이다. 포살이 승가의 월례행사라면 자자는 연중행사라 할 수 있다. 승가란 화합승가를 의미한다. 따라서 모든 승가공동체가 일정한 기간 동안 생활하고 만약 그 동안 승가공동체의 화합을 해치거나 혹은 자신에게 주어진 계율을 범했다면 참회를 통하여 반성하는 기회를 가져야 한다. 포살과 자자가 바로 그러한 것이다.

포살이란 매달 보름과 말일에 전 비구가 모이는 행사를 말한다. 즉 초기교단에서는 매달 두 번씩 모든 승가의 구성원들이 모여서 그간의 생활에 대하여 반성하고 만약 계를 범한 사실이 있으면 고백하고 참회하는 시간을 가졌다. 물론 전 지역의 모든 승려들이 참여할 수는 없었기 때문에 각 지역별로 경계를 정하여 그 지역에 거주하는 승려들이 모두 참여하는 것을 의무화 하였다. 각 지역별로 전 비구들이 모이게 되면 승려의 수좌가 계를 모은 문집인 바라제목차를 낭독한다. 이 독창의 소리를 듣고서 자신의 반 달간의 행동을 되돌아보고 각자의 범계에 대하여 대중 앞에서 참회를 의무적으로 해야 한다.

자자란 안거가 끝나는 날 시행된다. 현재 우리나라에서는 하안거와 동안거가 실시되고 있지만, 인도에서는 우기의 3개월간 실시되었다. 안거에는 전후가 있어서 전 안거는 4월 16일에서 7월 15일까지, 후 안거는 5월 16일에서 8월 15일까지이다. 자자란 이 안거중의 행동에 대한 반성 참회의식이라 할 수 있다.

자자의 방식은 사분율에 의하면 수자자인(受自恣人)을 선출하여 상좌부터 순차로 그 앞에 나아가 수자자인을 향하여 호궤합장한 후 이렇게 세 번을 거듭하여 말한다.

"만약 보고 들은 것 가운데서 저에게 의심나는 허물이 있습니까? 대덕 스님께서는 자비심을 베풀어서 저에게 말씀하여 주십시오. 만약 저에게 허물이 보이면 바로 법에 따라 참회하겠습니다."

이렇게 말하여 지적된 죄가 있는 이는 그것을 참회하는 것이다.

참회란 법수(法水)와 같아서 우리들의 죄와 업을 씻어주고, 뗏목과 같아서 우리들을 해탈 열반의 언덕으로 인도한다. 약초와 같아서 번뇌로 인한 온갖 병을 치료해 주며, 등불과 같아서 무명의 어두움을 없애주고, 성곽과 같아서 안ㆍ이ㆍ비ㆍ설ㆍ신ㆍ의 육근을 잘 거두어 보호해 준다. 누구나 계를 범할 수 있고, 죄를 지을 수 있다. 그러나 참회를 하게 되면 그 죄의 뿌리를 뽑을 수 있는 것이다.

《증일아함경》에서 아사세왕은 이렇게 참회하고 있다.

"사람이 악행을 지었더라도 허물을 뉘우치면 죄는 차차 엷어지나니 날마다 자신의 허물을 뉘우쳐 고치면 언젠가는 죄의 뿌리는 아주 뽑혀지리라."

물론 이러한 포살과 자자에서 스스로 참회를 하는 것은 중죄를 범하지 않은 경우이다. 만약 중죄를 범하게 되면 '갈마법'에 의하여 그에 해당하는 제재를 받게 된다. 따라서 포살과 자자를 거치고 난 비구는 청정비구라 할 수 있다.

이처럼 계율과 참회의 수행이란 승가라는 수행공동체를 전제로 한다. 승가란 화합승가를 의미한다. 화합을 이루기 위해서는 이상이 없어져야 한다. 아상이 강한 자는 결코 화합을 이룰 수 없기 때문이다. 또한 욕심이 없어야 한다. 욕심이 많아서는 결코 화합을 이룰 수 없기 때문이다. 따라서 계율을 지킨다는 것이 단순히 중생의 욕망을 억제하여서 되는 것이 아니다. 부처의 마음을 적극적으로 내야만이 계율을 지킬 수 있는 것이다. 지계와 참회를 통하여 수행을 하다 보면 결국 죄의 뿌리가 뽑히고 번뇌의 불이 꺼지게 되는 것이다.

계율과 참회 수행은 이러한 초기교단의 포살과 자자가 승단 내에서 현실에 맞도록 제대로 실행되면 된다. 포살과 자자야말로 불교가 수행공동체로 거듭나는 길이며 화합승의 모습으로 되돌아가는 길이다. 승가뿐만 아니라 재가수행공동체 또한 포살과 자자가 이루어질 수 있다면 바람직할 것이다. 다만 현대 재가불자의 현실에 맞도록 각 사찰이나 포교당 별로 포살과 자자를 실행하면 좋을 듯하다.

계율과 참회 수행 3

보살계와 청규

계율의 의미

계율이란 몸[身]과 입[口]과 뜻[意]으로 말미암은 모든 악을 방지하기 위하여 불자들이 지켜야 할 규범이라 할 수 있다. 계율은 원래 개인적인 규범인 계(śila)와 승가공동체가 지켜야 할 율(vinaya)로 구별되었다. 계란 용어는 습관·관습·경향 등을 의미하며, 인간의 몸과 마음을 조정하는 불교의 규범으로 비록 강제 규정은 없지만 출가 재가를 막론하고 모두가 지켜야 할 규범을 말한다. 이에 비하여 율은 제거·훈련·조복을 뜻하는 말로 출가교단을 자체적으로 통제하는 규범을 말한다. 이처럼 수행자의 자발적인 측면의 계와 교단 통제를 위한 율의 의미를 동시에 지니고 있는 것이 계율이다.

그렇다면 이러한 계율의 내용은 시대와 상황에 따라 변할 수 있는 것일까? 이 문제에 대한 견해는 '절대 바꿀 수 없다'는 입장과 '중요한 것은 바꿀 수 없지만 그렇지 않은 것은 바꾸어야 한다'는 입장이 공존해 오고 있다. 계율에 관한 대립적인 두 관점은 불교사에 있어서 첨예한 대립을 일으켜 왔다. 소승과 대승분열의 직접적인 계기는 '10사논쟁'으로 알려진 열 가지의 계율에 대한 문제였다. 즉 계율의 내용은 시대와 상황에 따라 바꾸어야 한다는 입장을 지닌 젊은 비구들에 의하여 대승불교가 탄생한 것이다.

지범개차는 대승불교의 계율정신

계율을 제대로 지키기 위해서는 '지범개차(持犯開遮)'를 잘 해야 한다. '지'란 계율을 지키는 것을 말하고, '범'이란 범하는 것이다. '개'란 계율의 해석에 있어서 개방적인 태도를 취해야 하는 것을 말하고, '차'란 철저하게 계율 그대로를 지켜야 함을 말한다. 지를 말하면서 범을 말하고 있고, 차를 말하면서 개를 말하고 있는 것이다. 이는 그만큼 인간의 생활이 복잡하게 전개되고 있기 때문이다.

어느 날 사슴을 쫓고 있는 사냥꾼이 나무꾼에게 사슴의 행방을 물었다고 하자. 이때 만약 나무꾼이 거짓말을 하지 않고 사슴이 도망간 방향을 알려준다면 '살생을 하지 마라'는 계율을 어기게 되고, 반대의 방향으로 알려준다면 '거짓말을 하지 마라'는 계율을 어기게 된다. 이러한 상황에서 나무꾼은 불살생의 계를 지키면서 거짓말의 계를 범해야 되는 것이다.

이러한 지범개차의 정신은 대승불교의 계율정신이다. 육바라밀의 하나로 지계바라밀이 등장하고, 보살 10계가 대승계의 중심으로 등장한 것이다. 계율의 문제에 있어서 대승불교는 소승불교가 가지고 있는 외형적이고 형식적인 면을 탈피하고, 내면적이고 동기적인 측면을 강조하고 나옴으로써 금계의 성격을 탈피하고, 이타행의 적극적이고 실천적인 성격을 띠게 된다. 그럼에도 불구하고 대승의 성격과 자기의 종지종풍에 맞는 율장을 만들지 못함으로써 자신의 계율을 갖지 못하고 소승의 계율을 받아들이고 있다. 중국과 한국불교의 경우 계율을 통하여 대승불교의 정체성이 드러나지 못하고 있는 것이 바로 이러한 이유 때문이다.

청규는 선종의 혁명적인 계율

계율에 있어서 혁명적인 모습을 보이고 있는 것은 선종의 청규이다. "하루라도 일하지 않으면 밥을 먹지 마라."는 백장 스님의 일갈은 이전의 불교계에서는 생각할 수 없는 일이었다. 출가자가 노동을 통하여 자급자족하는 생활을 선언한 백장 스님의 청규 정신은 출가자는 노동을 하지 않고 수도에 전념해 온 그간의 전통을 정면에서 반박하고 나선 것이다. 불교의 근간을 흔드는 청규야말로 선종의 종지종풍에 맞는 새로운 계율의 확립이라고 볼 수 있다.

일찍이 보조 국사 지눌은 돈오 후의 점수 과정으로 정혜쌍수를 주장하였다. 선정은 지혜의 본체이며, 지혜는 선정의 작용으로 정과 혜를 함께 닦아야 함을 말하였다. 계란 이러한 정과 혜를 닦기 위한 기초가 되기 때문에《계초심학인문》을 따로 저술하여 초심자가 지켜야할 구체적인 계의 조목을 밝혀놓았다.

부처님의 근본정신에 입각한 새로운 계율의 정립 필요성

계율과 참회 수행이 본격적으로 이루어지기 위해서 출가자는 출가자대로, 재가자는 재가자대로 자기의 계위에 맞는 계율이 정확히 재정되어야 한다. 그런데 지금의 한국불교는 분명한 계율이 확립되어 있지 않다. 소승의 계율과 대승의 계율 그리고 선의 청규에 이르기까지 모든 것을 다 받아들여 그것의 장점을 종합하고 있다고 말하고 있지만, 출가자의 많은 계율 조항들은 계율을 받는 순간 파계할 수밖에 없는 것들도 많이 있다. 지켜질 수 없는 계율을 포함하고 있기에 철저히 계율을 지켜야 한다는 관념이 일어나지 않는 것이다. 나아가 철저히 지켜야 한다는 생각이 없기에 진정한 참회가 일어나지 않는 것이다.

한국불교에 있어 종지종풍에 맞는 계율의 제정은 중요하고도 시급한 문제이다. 구한말 대은 스님과 해방 후 자운 스님 등의 노력으로 계단이 이루어지고 계맥이 이어지고 있는 것은 다행스런 일이지만, 구체적인 계율이 과연 지금의 한국불교 현실에 적합한 것인가 하는 문제는 여전히 남아 있다.

부처님께서는 열반하시면서 "소소한 계는 버려도 좋다"는 말씀을 하셨다. 이 말은 시대적 사회적 변화에 맞추어 계율의 근본정신을 살리는 새로운 계율을 제정하여 그것을 철저히 지켜야 한다는 의미로 해석할 수 있다. 대승불교의 정신이 그렇고 청규의 정신이 그런 것이다. 부처님의 근본정신에 입각하고 우리의 현실에서 진정으로 지켜야 할 계율의 새로운 정립이 필요한 것이다.

계율과 참회 수행 4

현대 불자의 계율과 참회

깨달음 이후 지키는 계율

　　　　　육조 혜능 스님은 계·정·혜의 삼학을 닦는 새로
운 공부 방법을 제시하였다. 그것이 바로 자성에 입각한 삼학 공부이
다. 돈오를 통하여 나의 마음이 바로 부처라는 것을 분명히 안 연후에
삼학을 닦아나가는 수행이 진정한 닦음이라는 것을 제시한 것이다.

　　"마음에 그릇됨이 없는 것이 자성의 계이며, 마음에 산란함이 없는
　　것이 자성의 정이며, 마음에 어리석음이 없는 것이 자성의 혜이다."

진정으로 계율을 지키기 위해서는 마음에 그릇됨이 없어야 한다는 혜능 스님의 입장은 깨달은 사람만이 진정으로 계율을 지킬 수 있음을 말하는 것이다.

당위성과 현실성을 지닌 계율

불교란 신앙과 수행의 공동체이다. 공동체의 구성원은 비구·비구니·우바새·우바이의 사부대중이다. 계율이란 사부대중 모두가 철저히 지켜야 한다. 그럴 때만이 교단의 위의가 바로 서고 진정한 수행공동체의 모습이 살아난다.

출가와 재가를 막론하고 불교에 입문하게 되면 계를 받게 된다. 계를 받은 수행자는 그 계를 철저히 지킴으로써 진정한 수행자로서 거듭나게 된다. 만약 계를 어기게 되면 자신의 범계를 수행공동체의 대중 앞에서 고백하고 참회의 과정을 통하여 자신을 새롭게 하고 다시는 계율을 범하지 않으려는 노력을 기울여야 한다. 그러기에 계율은 꼭 지켜야 할 당위와 현실적으로 지켜질 수 있는 현실성을 동시에 갖추고 있어야 한다.

소승불교와 대승불교의 갈라섬은 계율에 대한 관점의 차이에서 비롯되었다. 대승불교에서는 "소소한 계는 버려도 좋다"는 석가모니 부처님의 유언에 근거하여 시대와 현실에 맞는 계율정신을 강조하였다. 누구나 보살 오계를 지키고, 육바라밀의 실천을 강조하였다. 이러한 계율정신은 선사상에 와서 더욱 적극적으로 해석되어 "마음에 그릇됨이 없는 것을 자성계라 한다"는 자성계의 관념이 형성되었다.

대승불교와 선의 계율정신은 수행자가 형식적이고 시대에 맞지 않는 계율에 얽매이는 것을 탈피하게 한 반면, 더욱 철저하게 계율을 지켜야 함을 천명한 것이다. 대승불교에 참여한 사람은 누구나 보살계의 다섯 가지를 지켜야 한다. 그 계율을 지킴으로써 불자와 비불자의 구별이 생기는 것이다.

근현대 한국불교사에서 현실화된 계율

근현대 한국불교사에서 계율에 대한 체계를 세우고 이를 현실화 하신 분은 자운 스님이다. 용성 스님의 문하에서 율장연구에 진력하셨던 자운 스님은 1947년 결성된 봉암사결사 기간 동안 신도들을 대상으로 보살계를 시행하게 된다. 이 보살계의 시행은 정식적인 계단을 만들고 법회를 통하여 신도들에게 계를 주었다는 점에서 그 역사적인 의의가 크다. 신도들에게 계를 줌으로써 수행자로서의 지위와 역할을 부여했을 뿐만 아니라, 이를 계기로 신도들이 스님들에게 삼배를 하도록 함으로써 승려와 신도, 출가와 재가의 관계를 새롭게 정립하였던 것이다.

신도들에게 계를 주는 행위는 단순히 신도들만의 문제가 아니라 이는 곧 승려들이 먼저 모범적으로 계율을 지켜야 함을 의미한다. 조선시대와 일제시대를 거치는 동안 무너질 대로 무너진 승단의 수행풍토를 일신하고, 비구·비구니·우바새·우바이의 사부대중이 부처님의 법답게 교단을 만들어보자는 강렬한 실천의지가 담긴 것이다. 청담 스님, 성철 스님, 자운 스님 등이 주축이 되어서 시행하였던 봉암사결사는 비록 짧은 기간 동안밖에 시행되지 못했지만 그 의의는 실로 크다고 할 수 있다.

한평생 정화불사를 주도하였던 청담 스님은 교단정화, 승려정화, 신도정화의 세 가지 목표를 주장하였다. 새롭게 출범한 조계종은 여전히 이 세 가지의 목표를 실현하고 있지 못하며 미완의 과제로 남겨놓고 있다고 볼 수 있다. 계율을 지키는 것은 청정하고 존귀한 승려의 상을 바로 세우는 길이며, 불법에 맞추어 생활하는 수행자로서의 신도의 위치를 바로 하는 길이다.

한평생 율장연구와 계율의 체계를 세우려 하셨던 자운 스님의 삶이 돋보이는 것은 여전히 한국불교에 있어서 계율의 체계적인 정립과 그 실천이 이루어지지 않고 있기 때문이다.

수행자의 삶은 계율과 참회가 기초

　　　　　그렇다면 현대 사회 속에서 불자들이 어떻게 계율을 생활화 할 수 있을까? 계율을 지키기 위해서는 먼저 수계의식을 통하여 계를 받는 것이 중요하다. 부처님 전에 여법한 의식을 통하여 계를 수지함으로써 불자로서의 삶으로 거듭나는 것이다. 그리고 개인이나 가족 혹은 수행공동체 단위로 계율을 지키기 위한 점검과 참회의식을 정기적으로 실천해야 한다.

　예를 들어 계율에 대한 점검표를 만들어 스스로 계율을 잘 지키고 있는지, 그리고 파계한 횟수는 몇 번인지를 체크하여 이를 주말이나 재계일을 통하여 참회의식을 해야 한다.

　점검표의 항목은 불살생 · 불투도 · 불사음 · 불망어 · 불음주의 5계를 공통으로 하고 수행 단체나 개인의 수행 정도에 따라 정한 계율의 항목을 첨가하여 그날 그날 점검하는 것이다. 매일 체크하되 파계한 횟수를 기록하여 주말이나 재계일에 참회법회를 통하여 "저는 ○○○ 계율을 범했습니다. 이를 참회합니다"라고 포살과 자자를 할 수 있을 것이다. 이와 같이 계율과 참회가 이루어질 때 수행자로서의 삶이 한층 빛날 것이다.

염불 수행 1

보살의 원력, 실천 강조한
대승불교 수행법

민중적인 수행법 – 염불

선(禪)과 더불어 염불은 불교의 대표적인 수행법이다. 선 수행은 오직 스스로의 노력에 의하여 깨침에 이르려고 한다면 염불은 아미타불이나 관세음보살에 의지하여 깨침의 세계에 이르려고 하는 것이 특징이다. 그래서 흔히 선은 자력적이고 염불은 타력적인 수행이라고 한다. 분명 염불 수행은 선 수행이나 다른 수행법보다 접근하기가 쉬우며 민중적이고 보편적인 수행법으로 자리잡고 있다.

염불 수행은 '나무아미타불' '관세음보살' 등 부처님의 명호를 소리내어 부르는 칭명염불과, 소리는 내지 않고 마음속으로 간절히 아미타불을 그리는 관상염불로 나눈다. 칭명염불의 경우 큰 북과 징과 목탁을 두드리며 큰 소리로 하는 고성염불도 있다. 이러한 염불 수행을 통하여 아미타불의 극락정토에 왕생하는 것을 궁극적인 목표로 하고 있다.

불교는 깨달음의 종교이다. 진리에 대한 스스로의 깨달음을 본질로 하는 것이 불교 수행이라 한다면, 타력적이고 기복적인 모습을 띠고 있는 염불은 불교 외적인 수행법이 유입된 것으로 오인할 수도 있다. 또한 정법시대 · 상법시대 · 말법시대로 나누고 말법시대에 불교를 이해하지 못한 하근기 중생을 위하여 차선책으로 나온 수행법이 염불 수행이며 따라서 선 수행보다는 좀 열등한 수행법이라는 편견을 가지기도 한다.

그러나 염불 수행자의 입장에서 보면 염불 수행은 타력적인 수행도 차선적인 수행법도 아닌 자 · 타력을 함께 아우르며 깨달음의 세계에 가장 빠르게 갈 수 있는 수행법이다.

염불 수행을 주로 하는 정토신앙에서는 깨달음에 이르는 방법을 기준으로 하여 불교 수행법을 크게 난행도와 이행도로 나누고 있다. 즉 어렵게 깨달음에 이르는 길이 난행도이며, 쉽게 깨달음에 이르는 길이 이행도인데, 염불이야말로 가장 빠르게 도달하는 이행도라고 설명하고 있다.

왜 이행도인가? 그것은 이미 일체중생을 구제하기 위하여 아미타불 등의 부처님과 보살들이 세운 간절한 원력(願力)으로 인하여 누구나 쉽게 구제될 수 있는 길이 열려 있다는 것이다. 마치 라디오와 텔레비전의 채널만 맞추면 원하는 방송을 듣고 보고 할 수 있는 것처럼, 누구나 보리심을 내어 아미타불에 귀의(歸依)하기만 한다면 극락왕생의 길이 열린다는 것이다.

방송국에서 아무리 좋은 프로그램을 내보낸다 해도 그것을 보기 위해서 스스로 주파수를 맞추고 채널을 선택하려는 노력을 기울이지 않는다면 시청할 수 없듯이, 아미타불의 원력이라는 타력과 함께 스스로의 발보리심이라는 자력이 동시에 이루어져야만 염불 수행은 가능하다.

아미타불의 본원력에 기반한 염불 수행

염불 수행을 통하여 중생을 극락왕생하게 하고 일체중생을 구제하는 힘의 원천은 아미타불의 본원력에 있다. 즉 아미타불이 부처가 되기 전에 법장 비구로 있을 때 일체중생을 구제하기 위하여 세운 것이 48가지의 서원이다. 아미타불의 48가지 서원 가운데 다음과 같은 것이 있다.

"만약 내가 부처를 이루어서 시방의 중생이 지극한 신심과 환희심을 내어 나의 국토에 왕생하고자 하여 열 번을 나의 이름을 부르고도 왕생하지 못한다면 나는 정각을 얻지 않으리라."

"어떠한 중생이라도 지극한 신심과 환희심을 내어 열 번만 나의 이름을 부르는 이가 있다면 반드시 왕생하게 하고, 보리심을 내어 여러 가지 공덕을 닦고 지극한 마음으로 원을 세워 극락왕생하고자 하는 이가 있다면 내가 반드시 대중들과 함께 가서 영접하겠다."

아미타불은 부처가 되기 이전에 위와 같이 중생제도의 간절한 원을 세우고 끊임없이 수행한 원력에 의하여 부처가 되었고 또한 그 원력이 일체중생을 구제하는 힘의 원천이 된 것이다.

이러한 사실에서 염불 수행 또한 타력이 아닌 자력 수행에 바탕하고 있음을 알 수 있다. 기독교와 회교 등에서 인간을 구제하는 힘의 원천이 인간을 초월한 신(神)에서 찾고 있는 것과는 분명한 차이를 나타내고 있는 것이다.

서원과 실천을 강조하는 염불 수행

염불 수행은 선 수행과 더불어 보살의 서원과 실천

을 강조하는 대승불교 사상에 충실한 수행법이다. 대승불교의 새로운 주체는 '상구보리(上求菩提) 하화중생(下化衆生)'을 목표로 하여 출현한 '보살'이었다. 이러한 보살들은 신앙과 수행을 중시하였으며, 서원을 세우고 육바라밀을 실천하였던 것이다.

사홍서원(四弘誓願)이란 대승불교에 참여한 모든 사람들의 공통적인 서원이다. 그리고 법장 비구의 48대원은 부처가 되기 이전에 아미타불이 세운 개별적인 원(願)임을 알 수 있다. '나무아미타불' 즉 "아미타부처님께 귀의합니다."라는 수행자의 다짐은 아미타부처님의 본원력에 의지하여 깨달음의 세계에 도달하겠다는 수행을 말한다.

아미타불의 본원력에 의지하여 염불 수행은 출발하지만 궁극적으로 아미타불과 같은 원력을 스스로 지니게 된다. 일체중생을 제도하겠다는 아미타불의 원력과 염불 수행자의 원력은 하나가 되는 것이다. 수행자와 아미타불이 둘이 아닌 하나가 되어버리는 경지에 이르게 되니 곧 깨달음의 세계에 이르게 되는 것이다.

염불 수행 2

염불 수행, 의식과 방법
제대로 익히고 행하자

염불 수행의 순서

염불 수행은 어떻게 하는 것일까? "나무아미타불을 지심으로 정근하면 되겠지" 하고 생각하는 사람도 있겠지만, 모든 수행은 제대로 된 순서와 방법을 통하여 하는 것이 바람직하다.

염불(念佛)이란 말 그대로 '부처님을 떠올리는 것'이다. 부처님의 모습과 공덕은 물론 중생을 남김없이 구제하겠다는 부처님의 대자비한 마음을 떠올려야 한다. 그렇기 때문에 우선 대자대비한 부처님께 찬탄과 예배를 올리지 않을 수 없다.

그리고 자신의 업장에 대한 참회가 반드시 따라야 한다. 신(身)·구(口)·의(意)로 행한 악업을 녹이지 않고서는 정토에 들어설 수 없기 때문이다.

다음으로 중요한 것이 발원(發願)이다. 현생에서의 업장소멸과 목숨을 마치는 순간 정토에 왕생하기를 발원하는 것이다. 수행자라면 누구나 원(願)을 지녀야 한다.

원이 세워진 후에 온몸과 마음을 다 바쳐 부처님의 명호를 부르며 정근하는 것이다. 염불 수행은 정토에 왕생하기 위한 것과 왕생한 후 극락세계에서 무생법인을 증득하고 나서 다시 사바세계로 돌아와 중생을 제도하겠다는 회향정신이 담겨 있어야 한다.

이러한 정신을 간직한 염불 수행의 일반적인 방법은 예배(禮拜), 참회(懺悔), 발원(發願), 권청(勸請), 수희(隨喜), 염불정근(念佛精勤), 회향(回向) 등으로 전개된다. 이와 같이 예배와 찬탄, 그리고 참회 발원하면서 염불하는 목적은 어디에 있는 것일까?

한마디로 표현하면 지금 지니고 있는 무명과 번뇌, 또는 과거에 지은 나쁜 업을 소멸하여 청정의 세계로 돌아가는 데 있다. 청정으로 돌아가는 것, 그것은 염불 수행자에게는 아미타부처님의 세계로 왕생하는 데 있으며 부처님을 친견하는 데 있다.

염불정근에 앞서 예배와 참회를 강조한 것은 여러 정토경전을 통하여 확인된다. 중국의 담란(曇鸞, 476~542)은 《찬아미타불게》에서 "법계의 중생들이 세 가지 장애를 끊고 함께 아미타불의 세계에 태어나기 위하여 널리 스승과 스님·부모·선지식 등에게 귀의하면서 참회합니다."라고 말하고 있다.

또 선도(善導, 613~681)는 《관무량수경소》에서 "모든 수행자 등은 먼저 불상 앞에서 지극한 마음으로 참회하고 지은 죄를 숨김없이 드러내고[發露] 지극하게 참괴한 마음을 내어 슬피 울고 눈물을 흘리면서 허물을 뉘우치고 마쳐야 한다."라고 하여 부처님께 진정으로 참회를 하는 것이 우선되어야 함을 강조하였다.

염불 수행의 의식

그렇다면 한국불교에 있어서 염불 수행의 기준이 될 만한 것은 없을까?

근대 한국불교에 있어서 일반인에게 염불 수행을 크게 진작시킨 분은 자운 율사(1911~1992)이다. 그가 만든 《정토예경(淨土禮敬)》에는 다음과 같이 비교적 염불 수행의 의식을 잘 밝혀 놓고 있다.

"먼저 아미타부처님 전에 향을 사르고 게송을 외운 뒤 시방법계에 항상 상주하고 계신 불법승 삼보께 아뢰는 예배를 한다. 이때 총 206

배를 하는데, 그 절차를 보면 먼저 찬탄하는 게송은 무릎을 꿇고 한 후 50배씩 세 번을 하고, 마지막에는 56배를 한다. 이렇게 206배를 마친 후 본인의 서원을 부처님께 아뢴다. 그런 후 연지 대사 주굉(1536~1615)이 지은 '서방원문(西方願文)'을 낭독한다. 염불은 정념게(正念偈)와 찬불게(讚佛偈)를 낭송한 후 아미타불을 염하는데, 자기의 형편에 따라 하게 되어 있다. 마지막에는 '나무관세음보살, 나무대세지보살, 나무청정대해중보살'을 세 번씩 한 후 회향게를 외우고 마친다."

염불 수행은 사찰을 찾지 않고도 일반 가정에서 누구나 쉽게 할 수 있는 수행법이다. 누구나 쉽게 접할 수 있긴 하지만, 제대로 된 의식과 방법을 통하지 않는다면 자칫 기복불교로 흐를 소지도 있다. 따라서 수행을 함에 있어서 스승을 만나 올바른 수행법에 대한 지도를 받을 필요가 있다.

청정한 마음이 곧 정토

보조 지눌은《염불요문(念佛要門)》에서 이렇게 말씀하셨다.

"오념(五念)이 쉬지 않으면 오장(五障)이 어떻게 트이고, 오장이 트이지 않으면 오락(五濁)이 어떻게 맑아지겠는가? 계율의 그릇이 청정해져 일념(一念)과 같아져야만 오장과 오락을 벗어나 곧바로 극락에 오를 수 있다. 따라서 삼무루학(三無漏學)을 깨끗이 닦아, 미타의 위없는 큰깨달음을 함께 증득해야 한다."

염불 수행의 목표가 사후에 극락왕생하는 데 있다고 하지만, 정토란 꼭 사후의 극락에 있는 것은 아니다. 마음이 부처며 마음이 청정한 것이 바로 정토이다. 예배, 참회, 발원, 회향의 염불 수행을 살펴보면 참회를 통하여 마음을 청정하게 하고, 발원을 통하여 청정한 삶을 나투게 하고, 회향을 통하여 정토를 이루게 함을 알 수 있다.

염불 수행 3

염불결사(念佛結社)

극락왕생을 희망하는 중생들

《아미타경》에서는 극락정토에 관하여 이렇게 설명하고 있다.

"그 나라의 중생들은 아무런 괴로움도 없고 모두 즐거운 일만 받으므로 극락이라 한다. 그 극락 국토에는 일곱 가지 보배로 된 연못이 있고, 그 가운데에는 여덟 가지 공덕을 갖춘 팔공덕수가 가득하다. 연못 바닥은 금모래가 깔려 있고 사방의 계단은 금·은·유리·파려 등의 보물로 되어 있다."

오래 전부터 인간들은 이러한 극락세계에 왕생하기를 꿈꾸었다. 정토란 오탁악세의 괴로운 현실에서 살아가는 중생들의 바람이요 희망의 땅이다. "사리불이여, 만약 선남자 선여인이 아미타불에 대한 설법을 듣고, 그 명호를 굳게 지니어 하루나 이틀 혹은 사흘, 나흘, 닷새, 엿새, 이레 동안 한결같은 마음으로 흐트러지지 아니하면, 그 사람이 목숨이 다할 때 극락왕생하게 될 것이다."라는 말씀은 분명 많은 중생들의 마음을 움직이게 했을 것이다. 순수하고 깨끗하며 해맑은 땅, 탐욕이 없는 평등의 세계를 꿈꾸는 사람들이 아미타경의 이러한 가르침을 듣고서 어찌 간절한 마음이 솟구치지 않았겠는가!

결사는 염불신앙이 대중화된 모습

역사 속에서 염불신앙이 대중화된 모습은 결사(結社)의 형태를 띠고 나타났다. 대표적인 것이 동진(東晋) 때의 고승인 여산 혜원의 백련결사(白蓮結社)이다. 혜원은 123인의 동지들과 함께 재회(齋會)를 베풀고 향과 꽃을 올려 정업(淨業)을 닦아서 모두 극락정토에 태어나기를 발원했다. 그리고 20여 년 동안을 산문 밖에 나오지 않고 수행을 한 것이다. 흔히 산문 밖 출입을 하지 않고 수행을 하는 것은 선사(禪師)들의 전유물인 것처럼 생각하지만, 오히려 그 진원지는 혜원의 백련결사이다.

우리나라 염불결사의 효시는 건봉사의 만일염불결사이다. 경덕왕 17년(758)에 발징 화상이 간성 건봉사에서 염불결사를 맺고 29년 동안 수행을 하다가 786년에 31명이 인로왕보살의 인도로 모두 육신등 공하여 극락왕생한 사실이 있다.

혜원의 백련결사의 영향은 중국은 물론이거니와 우리나라에도 지대한 영향을 끼친다. 《삼국유사》에는 오대산 백련사에서 나한당을 짓고 석가여래상과 오백나한상을 안치하여 낮에는 《불보은경》과 《열반경》 등을 읽고 밤에는 열반예참을 하였다는 기록이 보인다. 또 고려 말 강진 만덕사의 옛터에서는 원묘 요세가 중심이 되어 백련결사를 일으켜 염불신앙을 크게 유행시켰다.

원묘 요세에 의하여 주도된 백련결사는 무신집권기와 원 간섭기 동안 순천 송광사가 중심이 된 보조 지눌과 그를 이은 진각 혜심의 수선사(修禪社)와 쌍벽을 이루며 불교계를 주도하였다. 제1세 원묘 국사, 제2세 정명 국사, 제4세 진정 국사 등 제11세 무외 국통에 이르기까지 모두 국사에 준하는 대우를 받은 것으로 보아 알 수 있듯이 그 세력이 대단하였다. 원묘는 원래 보조 국사 지눌의 정혜결사에 참여하였다가 당시 민중들의 실질적인 참여를 위해서는 정혜쌍수(定慧雙修)의 선(禪) 수행보다는 오히려 염불 수행이 바람직하다는 판단 아래 지눌의 정혜결사를 떠나게 된다. 그리고 혜원의 백련결사를 본

받아 강진에서 백련결사를 맺은 것이다. 당시 요세의 백련결사에 참여한 인원이 300인이었으며 참여 사찰이 5개소, 요세 당시 득도한 제자가 38인이었다고 한다.

정토왕생의 방법인 참회

예토(穢土)를 떠나야만 정토(淨土)에 이를 수 있듯이 백련결사에서는 참회를 통하여 죄를 멸하는 참회멸죄(懺悔滅罪)와 정토에 태어나기를 바라는 정토구생(淨土求生)에 전념하였다. 정토왕생의 방법은 다름 아닌 참회에 있다. 어쩌면 참회하는 마음이 바로 그대로 정토인지도 모른다.

정토왕생을 하는 구체적인 방법에 대하여 《염불요문》에서는 "대개 말세 중생들은 근기와 성품이 어둡고 둔하여 탐욕과 습기가 두텁기 때문에, 오랫동안 생사(生死)에 빠져 고뇌를 면하지 못한다. 따라서 5념(五念)을 쉬게 하고 5장(五障)을 트이게 한 뒤에, 5탁(五濁)을 뛰어넘으면 구품연대에 오르게 된다."고 말한다.

오념을 쉬게 하려면 탐욕이 많은 중생에게는 부정관(不淨觀), 분노가 많은 중생에게는 자비관(慈悲觀), 산심(散心)이 많은 중생에게는 수식관(數息觀), 어리석은 중생에게는 인연관(因緣觀), 업장이 많은 중생에게는 염불관(念佛觀) 등 관법을 닦게 해야 한다. 비록 5념

(五念)은 쉬었으나 세상 인연에 얽매어서 번뇌장(煩惱障) · 소지장 (所知障) · 보장(報障) · 이장(理障) · 사장(事障) 등 5장(五障)에 걸 리는 것이다. 또 5장에 걸려 있기 때문에 겁탁(劫濁) · 견탁(見濁) · 번뇌탁(煩惱濁) · 중생탁(衆生濁) · 명탁(命濁) 등 5탁을 뛰어넘을 수 없는 것이다. 말세 중생들이 사는 세계를 흔히 오탁악세라고 하듯이 정토수행은 바로 이러한 오탁악세를 벗어나 정토의 세계에서 살고자 하는 바람을 담고 있다고 할 수 있다.

결사의 형태로 이루어진 정토신앙의 의미

염불이란 '부처'를 염하고, 부처의 세계가 이루어 지기를 간절히 바라는 것이다. 역사적으로 우리나라에서 결사의 형 태로 정토신앙이 이루어졌다는 사실은 무엇을 말하는 것일까? 그것 은 바로 나의 마음을 맑혀 청정히 하고, 사회를 맑혀 정토를 이루고 자 하는 소망의 발로라 할 수 있다. 청정불국토를 바로 지금 이 땅에 실현해 보겠다는 의지라 할 수 있다.

염불 수행4

자심미타(自心彌陀), 유심정토(唯心淨土)

정토신앙은 염불 수행의 바탕

염불 수행의 바탕은 정토신앙이다. 즉 구원불로서 아미타불과 극락으로서 서방정토에 관한 신앙이다. "일심으로 계속하여 끊어지지 않게 염불하면, 삼매의 경계에 들어가게 되고 결국 현생 혹은 내생에 부처님을 친견하며 정토에 왕생한다."고 한다. 예를 들어《문수반야경》에서는 이렇게 말한다.

"만약 선남자나 선여인이 일행삼매에 들어가고자 한다면 마땅히 한가한 곳에 처해 모든 어지러운 생각을 버리고 어떤 모양도 취하지 말고 마음을 한 부처님께 몰입하여 오로지 명호를 외우며, 부처님이 계신 곳을 따라 단정한 몸으로 바르게 향하여 능히 한 부처님을 생각하고 생각하는 것을 항상 지속해야 한다. 그러면 이 생각하는 가운데 능히 과거와 미래, 현재의 모든 부처님을 친견할 것이다. 무엇 때문인가? 한 부처님을 염하는 공덕이 무량하고 무변하기 때문이다."

중국의 정토신앙과 말법사상

중국에서 정토신앙은 말법시대라는 시대적 인식과 결부되면서 크게 성장하게 된다. 즉 부처님의 법(法)이 어떻게 전달되는가 하는 기준에 따라 정법(正法)과 상법(像法) 그리고 말법(末法)의 시기로 구분하여, 당시 시대가 말법시대라 설한 것이다. 이러한 말법시대의 특징은 오탁악세(五濁惡世)인데, 말법시대가 도래하였음을 확고히 믿게 한 것은 북주 무제에 의한 폐불사건이었다.

또한 이론적으로 정토사상과 말법사상을 확고히 결합시킨 분은 도작(道綽, 562~645)이다. 도작은 《안락집(安樂集)》에서 이렇게 말하였다.

"지금은 부처님이 세상을 떠난 뒤 네 번째의 5백년이다. 이러한 말세에는 참회하고 복을 닦아 부처의 명호를 불러야 한다. 이 시대에 일념으로 아미타불의 명호를 부르게 되면, 능히 80억겁의 나고 죽는 죄를 제거할 수 있다."

이와 같이 도작은 말법시대에는 정토문이 깨달음에 이르는 첩경이며, 근기가 낮고 죄가 많은 중생을 구제하는 최상의 방법이라는 점을 제시하였다.

말법시대에 맞는 것이 정토신앙이란 교리는 불법을 대중화시키는데 크게 역할을 하였지만, 동시에 스스로 마음을 깨쳐서 부처가 되려는 의지를 저하시키는 부작용을 낳기도 하였다. 즉 여기는 예토(穢土)이며 다른 곳에 정토(淨土)가 있다든가, 부처가 있는 곳과 부처가 없는 곳이 따로 존재한다든가, 상법시대와 말법시대가 있다고 설함으로써 부처와 불국토가 자기와는 다른 곳에 있는 존재로 여기게끔 하였던 것이다.

자심미타와 유심정토

염불 수행이 중국에서 크게 대중화되면서 새로운 형태가 나타나게 된다. 즉 '아미타불이란 무엇인가?' 그것은 바로 나의 마음〔自心〕이며, 나의 본성〔自性〕이라는 자각 아래에 자심미타(自心彌陀) 자성미타(自性彌陀)를 염하는 염불 수행이 자연스럽게 등장하게 된다. 이러한 자심미타의 설은 자민 혜일(慈愍慧日)의 사상을 계승한 영명 연수에 의하여 체계화된다. 연수는 《만선동귀집》에서 "유심불토(唯心佛土)는 마음을 깨달아야 비로소 날 수 있는 곳이다. 삼세(三世)의 모든 부처님의 따로 있는 바가 없고 오직 자심(自心)에 의지한다. 이 마음을 알면 바야흐로 유심정토(唯心淨土)에 나지만, 경계에 집착하면 반연을 따라 경계 가운데에 떨어지게 된다."라고 말한다. 물론 이러한 자심미타 염불과 유심정토의 사상은 혜능 이후 유행된 선(禪)의 영향도 무시할 수 없다. '마음이 곧 부처이다'라는 선을 정토에서 수용하고 있는 모습이라 할 수 있다. 물론 역으로 선에서 정토신앙을 수용할 때에도 자심미타와 유심정토의 입장을 견지하게 된다.

선 수행에서 수용한 정토신앙인 염불

아미타불은 자심미타 자성미타로, 서방정토는 유심정토로 변모되면서 선이 불교계를 풍미할 때에도 염불 수행은 불교의 주된 수행법으로 자리매김하여 왔다. 이러한 자심미타 · 자성미타, 유심정토의 입장은 우리나라에도 많은 영향을 끼치게 된다. 즉 보조 지눌, 태고 보우, 나옹 혜근, 서산 휴정 등 역대 선사(禪師)들이 강조한 염불이 바로 이 입장이다. 예를 들어 태고 보우는 "이 마음을 밝힌 이를 부처라 하고 이 마음을 밝히는 것을 교(敎)라고 한다. 따지고 보면 부처의 일대장교도 모두 사람들의 성품을 밝혀내기 위한 방편일 따름이니, 방편은 많은 것 같으나 한마디로 요약하면 즉 유심정토(唯心淨土)요, 자성미타(自性彌陀)이다." 라고 하였다.

많은 수행법이 공존하고 있는 한국불교의 현실에서 염불 수행법은 많은 장점을 지니고 있다. 즉 누구나 쉽게 할 수 있는 수행법이며, 참회와 공덕을 함께 할 수 있는 수행법이며, 부처님의 본원력에 의지하여 가장 빠르게 정토왕생할 수 있는 수행법이며, 결사의 형태를 띠고 함께 할 수 있는 수행법이기도 하다. 다만 현대인에 맞도록 구체적이고 체계적인 염불 수행법이 요구되고 있다.

염불화두선

염불과 간화선의 만남

간화선과 염불의 만남인 염불화두선

　　　　염불화두선(念佛話頭禪) 혹은 염불선(念佛禪)이란 '염불하는 이놈이 누구인가[念佛者是誰]?' 하고 화두를 드는 것이다. 한국불교 수행법을 대표할 수 있는 간화선과 염불의 만남을 볼 수 있는 것이 바로 염불화두선이다. 염불선 수행법은 지난 2003년 열반하신 청화 스님이 주창하여 일반 불자들에게 많이 보급되었다. 최근 청화 스님의 뒤를 이어 정목 스님(양산 정토원장)과 덕산 스님(청원 혜은사 주지) 등이 염불선 수행법을 지도하고 있어 일반불자들 사이에서 친숙한 수행법이 되어 있다.

염불화두선의 강조점은 '염불'보다는 '화두'에 있다. 즉 간화선의 입장에서 염불을 적극 수용하고 있는 것이 바로 염불화두선이다.

태고 스님의 염불화두선

역사적으로 한국불교계에서 염불화두선을 강조한 스님은 다름 아닌 고려 말 태고 보우 스님이다. 중국 임제종의 법맥을 직접 들여왔을 뿐만 아니라 철저한 간화선 수행자였던 태고 스님이 염불화두선을 주창하였다는 점은 흥미롭다. 아미타불이 다름 아닌 나의 본래 성품자리이며, 나의 마음이라는 '자성미타' '자심미타'의 주장은 보조 지눌이나 나옹 혜근 등에서 보이나 태고 스님은 한걸음 더 나아가 자신에게 찾아온 염불 수행자에게 "염(念)을 하는 그 놈은 누구인가" 하고 물어 자연스럽게 '화두'에 들게 하고 있다. 《태고어록》에는 이렇게 표현되어 있다.

"아미타불의 이름을 마음속에 두어 언제나 잊지 않고, 생각 생각에 틈이 없도록 간절히 참구하고 간절히 참구하십시오. 그리하여 생각과 뜻이 다하거든 '염(念)하는 이놈이 누구인가?' 하고 관찰하십시오. 이렇게 자세히 참구하고 또 참구하여, 이 마음이 홀연히 끊어지면, 자성미타가 앞에 우뚝 나타날 것이니 힘쓰고 힘쓰십시오."

수행이란 오랫동안 쌓인 업(業)을 정화하여 본래면목을 회복하는 길이다. '본래성불' '돈오견성'을 주장하는 간화선은 갑자기 본래면목을 회복하여 일시에 깨달음에 이를 수 있는 장점에도 불구하고, 과거의 업장이 두터운 사람들은 접근하기가 어려운 측면이 있다. 아미타불이란 다름 아닌 본래성품이며, 본래 마음이다. 태고 스님은 아미타불을 찾는 수행자에게 '무자화두'를 제시하는 대신 간절히 아미타불을 찾으라고 권한다. 그러다가 성숙해지면 '염불하는 이놈은 누구일까?'라고 관찰하라는 것이다.

그 동안 아미타불과 아미타불을 찾는 이 놈, 즉 마음이 서로 다른 것이라고 생각하였던 수행자가 혹시 아미타불은 바로 나의 마음이 아닐까 하는 의심을 가지게 된다. 그러다가 '마음과 눈과 부처의 명호'가 어느 순간 한 덩어리가 된다. 즉 간화선에서 말하는 동정일여, 몽중일여, 오매일여의 경지를 경험하게 되는 것이다. 그러다가 갑자기 아미타불의 진체가 눈앞에 우뚝 나타나게 되는 것이다.

염불화두선의 주창자 - 몽산 덕이 스님

그렇다면 태고 보우 스님이 강조한 염불화두선의 주창자는 누구일까? 태고 스님은 '무자화두'를 참구하여 국내에서 깨침을 얻은 후에 중국으로 건너가 임제종의 석옥 청공 스님에게 인

가를 받아 귀국한다. 태고 스님을 인가한 석옥 청공 스님에게서 염불
화두선을 주창한 흔적은 보이지 않는다. 염불화두선은 휴휴암에 은
거하였던 몽산 덕이 스님의 영향이라 할 수 있다. 간화선사였던 몽산
덕이 스님은 고려 말 우리나라의 불교에 많은 영향을 준다. 《육조단
경》 덕이본과 《휴휴암좌선문》이 바로 몽산 스님의 저작이다. 몽산
화상은 '염불화두법'이란 구체적인 용어를 사용하여 이렇게 지도하
고 있다.

> "나무아미타불을 염(念)하는 24시 행주좌와 가운데에서 혀를 움직
> 이지 말고 또한 마음을 어둡게 하지 마십시오. 이때 '염불하는 이는
> 누구인가'를 때때로 점검하여 스스로 반조(返照)하여 보십시오. 이
> 몸은 헛되고 임시로 빌린 것이라 오래지 않아 죽고 결국은 흩어집니
> 다. 이때 '염불하는 자는 어디로 돌아가는가?' 이와 같이 공력을 사용
> 하여 날이 가고 달이 깊어지면, 자연히 색신(色身)이 불리(不離)하기
> 전에 서방에 이르러 아미타불을 친견할 것입니다."

칭명염불, 관념염불, 염불선

종교에서 신앙과 수행은 둘 다 중요하다. 신앙만
이 강조되고 구체적인 수행이 없으면 맹신에 빠지게 되고, 신앙심이

없이 수행만을 강조하다 보면 이상만 높아져 교만해지기 쉽다. 한국 불교는 그 동안 신앙만이 지나치게 강조되다 보니 이제 수행으로 관심이 옮아가고 있다. 그런데 수행이란 단순히 기능이 아니라는 점을 유의할 필요가 있다.

염불 수행이 곧 간화선이고 간화선이 곧 염불이다. 염불화두선이란 그 좋은 본보기이다. 상근기와 중하근기의 사람에 따라 수행법에 차이가 날 수밖에 없다. 칭명염불의 수행자에게 시간이 지나 관념염불과 나아가 염불선을 자연스럽게 지도할 수 있다는 점에서, 염불선은 염불 수행법을 풍부하게 하고 있다. 또한 몽산 덕이 스님과 태고 보우 스님 등 대표적인 간화선사들이 제자들을 지도할 때 '염불화두선'을 강조하고 있다는 점도 주의 깊게 볼 필요가 있다.

절 수행1

몸과 마음을 함께 닦는 수행법

시대적 흐름을 반영하는 절 수행법

　　　　수행법에도 유행은 있기 마련이다. 시대와 사회에 따른 삶의 모습이 다르고 개인의 취향 또한 다르기 때문에 수행법에 대한 기호가 차이가 나는 것은 당연하다. 최근 불교 수행법에 대한 관심이 고조되고 있는 현상도 사회적인 변화와 맞물려 있다. 삶의 질적 풍요로움을 추구하는 웰빙의 흐름이 그것이다. 요가 · 명상 · 단학 · 기공 등의 불교 외적 수련법이 유행을 타고 있는 것은 이러한 시대적 흐름 속에 대중들의 요구를 잘 반영하고 있기 때문이다.

　불교계 내에 수행에 대한 관심은 고조되고 있지만, 수행의 방법론에 대한 인식 수준은 1980년대 정도의 인식의 틀을 벗어나지 못하고 있다. 대중들의 요구를 제대로 파악하지 못할뿐더러 어떻게 지도해야 하는지의 방법론에 대한 고민이 깊지 못하다. 전통적인 수행법의 주먹구구식 수행을 강요하지만 스스로 그 수행법에 대한 경험과 확신이 약할뿐더러 현대인에게 맞는 방법론을 개발하려는 노력을 기울이지 않고 있다. 그런데 "21세기 사회적 변화의 흐름 속에서 대중들에게 쉽게 다가갈 수 있는 불교 내적 수행법이 무엇일까" 하는 질문을 진지하게 고민해 보면 '절 수행법'이 가진 여러 가지 매력적인 장점에 주목하게 된다.

몸과 마음을 함께 닦는 절 수행법

현대의 종교는 신앙에서 수행으로 관심이 변화하고 있다. 신앙과 수행의 차이 중의 하나는 '몸'이다. 요가·명상·단학·기공 등의 공통분모는 몸과 건강이다. 현대인에게는 몸과 마음을 함께 닦는 수행이 필요한 것이다. 이러한 요소를 분명하게 갖추고 있는 불교 내적 수행법이 바로 절 수행법이다. 절 수행법이 가진 매력과 장점은 비단 불교 외적 수행법에 대한 대응 차원을 넘어 현대인이 일상생활 속에서 누구나 할 수 있는 수행법이라는 데서 찾을 수 있다. 수행을 통하여 건강과 참회, 하심과 보은이라는 변화를 빠르게 경험할 수 있다는 점도 절 수행법이 가지는 큰 장점이다.

절 수행법에 대한 일반인의 관심을 불러일으킨 분은 성철 스님이다. 1947년 성철 스님은 봉암사결사 시절부터 신도들에게 삼천배를 시키고 스스로 기도 참회하도록 한 것은 잘 알려진 일화이다. 그것도 자신을 위한 절이 아니라 남을 위해 부처님께 절을 하도록 하였다. 삼천배를 하다 보면 마음 가운데 반드시 변화가 오게 되는데, 변화가 오고 나면 그 뒤로부터 자연스럽게 된다. 처음에는 남을 위해서 억지로 절을 하는 것이 어색하지만 차츰 남을 위해 절하는 사람이 되고, 남을 위해 사는 사람이 되며, 그렇게 행동하게 된다고 성철 스님은 강조하였다.

《오체투지》의 저자이자 작가의 집 대표인 한경혜 씨의 경우 성철 스님과의 인연으로 절 수행을 통하여 자신의 신체적 장애를 극복하였다. 물론 절 수행이 신체의 변화만을 가져다 준 것이 아니다. 지난 2005년 인사동에서 열린 〈나는 나를 사랑한다〉는 한경혜 테마 선화(禪畵)전은 절 수행을 통하여 깊어진 그의 내면세계를 엿볼 수 있게 해 주었다. 감동과 향기를 주는 한경혜 씨의 삶과 작품은 몸과 마음을 함께 수행하는 절 수행의 위력이 얼마나 큰 것인지를 우리에게 보여 주었다.

한국불교에 나타난 절 수행의 역사

한국불교에서 절 수행이 독립된 수행법으로 나타난 것은 엄밀한 의미에서 본다면 최근의 일이라고 할 수 있다. 물론 절을 하는 것은 불교의 유입과 더불어 부처님께 예경할 때 같이 행해졌기 때문에 불교의 유입부터 절 수행이 진행되었다고 할 수도 있다. 역사적으로 절 수행은 참회수행법으로 부처님께 절을 하는 수행의 형태로 유행되었다. 기록상으로는 고려시대의 염불결사를 주도했던 만덕사의 원묘 요세가 53불에게 예참했던 내용이 나타난다. 최자가 찬한 원묘 요세의 비문에는 다음과 같이 기록되어 있다.

"묘종(妙宗: 천태)의 관경소(觀經疏)를 강독하다가 '시심작불(是心作佛) 시심시불(是心是佛)'에 이르러 크게 마음에 계합되는 바가 있었으며 그로부터 묘종을 즐겨 설하였고 그 언변과 지혜가 걸림이 없었다. 문득 대중을 불러 참회를 닦게 하였는데 그 정성스러움이 지극히 정맹(精猛)하여 하루 53불에 열두 번씩을 절하였으며, 심한 추위나 무더위에도 게을리하지 않았으므로 스님들이 그를 서참회(徐懺悔)라고 하였다."

절은 예경과 참회의 방법

절은 자신을 낮추고 상대방을 높이는 예경의 행위이다. 참회란 자신의 상(相)을 없애는 것이다. 매일 53불에게 열두 번씩 절을 함으로써 참회를 하게 한 요세 스님이야말로 불교 대중화에 크게 기여한 스님이다. 순천 송광사를 중심으로 한 보조 지눌의 정혜결사와 강진 만덕산에서 요세 스님의 백련결사는 고려 무신집권기 불교계를 주도한 대표적인 결사이다. 절 수행을 통한 참회법이 백련결사가 성공하였던 원동력이었던 것이다.

절이란 자신의 허리를 꺾어서 상대에게 자신을 최대한 낮추어 예의를 표하는 행위이다. 자신을 최대한 낮추는 몸동작을 하기 위해서는 하심(下心)이 되어야 한다. 단순히 몸을 낮추는 것이 아니라 자신의 마음을 낮추는 것이다. 하심은 '나다' 하는 상(相)을 없애고, 참회를 하게 함으로써 과거의 업장을 녹이고, 궁극에는 '무아(無我)'를 체험하게 함으로써 깨달음에 이르게 하는 것이다.

절 수행 2

절 수행법의 체계화와 티베트불교

절 수행법에 대한 교학적 체계의 필요성

절 수행은 건강과 체험을 중시하는 현대인에게 잘 맞는 수행법이다. 그럼에도 불구하고 한국불교에 있어서 절 수행법이 그만한 대우를 받지 못하고 있다. 많은 불자들이 절 수행을 독립된 수행법이기보다는 예불과 의례 및 참법의 과정에서 빠지지 않는 보조적 수행법 정도로 여긴다.

불교 수행의 목표는 깨침에 있다. 절 수행 또한 마찬가지이다. 따라서 절 수행을 통하여 어떻게 깨침에 이를 수 있는지 그 과정에 대한 체계적인 설명이 있어야 하는 것이다. 절 수행을 통하여 비록 많은 사람들이 육체적인 질병을 극복하였더라도 그것이 깨침과 관련이 없다면 진정한 불교 수행법이라 하기는 어렵다. '이렇게 절 수행을 하면 깨침에 이를 수 있다' 하는 교학적이고 실천적인 체계가 한국불교에는 절실히 필요한 것이다.

절 수행법이 체계화 된 티베트불교

절 수행법의 체계화 된 실례를 티베트불교에서 찾을 수 있다. 티베트불교에서 수행자는 주수행(主修行)인 탄트라수행을 본격적으로 하기 전에 반드시 예비수행을 거치게 되어 있다. 일반적으로 예비수행은 귀의 · 배례 · 금강살타수행 · 만다라공양 · 구루요가의 체계를 가지고 있다. 이 중 배례가 절 수행인데 일반적으로 10만 배를 해야 한다. 대개 처음에는 50배, 100배 형식으로 하다가 그 횟수를 점점 늘려나가게 된다.

어쨌든 티베트에서 스님이 되기 위해서는 기본적으로 10만 배를 해야 한다는 사실 하나만 보아도 티베트불교의 생명력을 느낄 수 있다. 티베트불교가 세계적으로 영향을 미치고 있는 이유가 단지 달라이라마때문만이 아니라, 철저한 수행풍토에 기초하고 있음을 알아야 한다.

티베트불교에서 절은 다음의 세 가지로 나누어 설명된다. 먼저 최고의 절은 불성(佛性)을 깨친 자의 절이다. 다음으로는 관상을 통해 심상화(心想化)하는 방식의 절인데, 우리 몸을 수없이 나누어 불보살과 일체의 중생에게 공양하는 마음으로 절하는 것이다. 마지막으로 일반적으로 수행자들이 하는 절이다. 이처럼 똑 같은 절의 행위를 하지만 불성을 깨친 자와 그 과정에 있는 자의 절을 나누어 설명하고 있는 것이 특징이다.

티베트의 절 방식을 보면 크게 합장과 오체투지로 나눌 수 있다. 먼저 합장을 할 때는 두 손바닥을 꾹 눌러서는 안 되며 손바닥 사이의 공간을 벌려 엄지손가락을 집어넣거나 하여 막 터지려는 연꽃의 꽃봉오리 모양으로 만드는 것이 특징이다. 이것은 보리심의 발현을 상징하는 것이다.

합장한 후에는 합장한 손으로 정수리(이마)·목·가슴 등을 건드린다. 이곳을 건드리는 데는 각각의 의미가 있다. 정수리를 건드릴 때는 "내 몸의 어두움이 사라지고 붓다의 몸을 이루는 축복을 주소서"라고 발원한다. 목을 건드릴 때는 "내 말의 어두움이 사라지고 붓다의 말을 이루는 축복을 주소서"라고 발원한다. 마지막으로 가슴을 건드리며 "내 마음의 어두움이 정화되고 붓다의 마음을 이루는 축복을 주소서"라고 발원을 한다. 이와 같이 합장을 통해서 신(身)·구(口)·의(意) 3업(業)을 정화시키며 나아가 보리심(菩提心)을 증진시킨다.

합장을 하고 난 다음 오체투지를 한다. 오체투지는 머리와 손과 발의 오체(五體)가 모두 땅바닥에 닿게 하는 절이다. 자신을 최대로 낮추는 것이 바로 오체투지이다. 경우에 따라서는 몸을 뻗어 땅 위에 엎드린 후 손바닥으로 무릎 위의 땅을 때리기도 한다.

이와 같은 절의 공덕에 대하여 티베트 사람들은 절할 때 몸에 닿은 흙의 알갱이 수만큼의 공덕이 쌓여 이 공덕으로 다음 생에 전륜성왕으로 태어난다고 믿는다. 그러나 게으른 마음을 내면 안 된다. 절을 할 때 엎드린 상태에서 반드시 재빠르게 일어나야 한다. 만약 절을 하다 엎드린 상태에서 쉬게 되면 좋지 못한 과보를 받는다고 믿는다. 예를 들어 손바닥으로 일어나지 않고 귀찮은 마음에 손가락 관절로 일어나면 다음 생에 동물로 태어난다고 여긴다.

절 수행법은 티베트에서 재가자들에게까지 일반화되어 있다. 그것은 절을 하면서 성지를 순례하는 것을 보면 잘 알 수 있다. 절하면서 성지순례를 할 경우, 3보 1배 혹은 자기 키만큼 걷고 절하는 방식을 취하곤 한다. 특이한 점은 부득이한 경우를 제외하고 절대로 앞에 냇물이나 구덩이 같은 장애물이 있더라도 피해가지 않고 그대로 절을 하면서 간다는 것이다.

한국불교에서 절 수행법의 대중화 노력

간략히 티베트불교의 절 수행법을 살펴보았듯이, 한국불교에 있어서도 절 수행법을 체계화 하는 것은 얼마든지 가능하다. 다만 선(禪)의 전통이 강한 한국불교의 특징상 절 수행법을 보조적인 수행법으로 간주하여, 구체적으로 체계화하려는 노력을 적극적으로 기울이지 않는 것이 문제이다. 그나마 다행스러운 것은 근래에 몇몇 분들에 의하여 절 수행법의 체계화와 대중화에 노력을 기울이는 분들이 나타나고 있다는 점이다. 매주 주말이면 수행자들이 모여 같이 예불과 삼천배를 정기적으로 하는가 하면, 절을 잘 하기 위한 호흡법과 자세나 복장 등에 대하여 충분한 사전 훈련을 시키기도 한다. 대표적으로 법왕정사의 청견 스님 같은 분이 그러한 분이다.

절 수행3

절 수행법의 현대적 체계화

한국불교에서 절 수행법의 가장 큰 문제는 구체적으로 조직적이거나 체계화 되어 있지 않다는 것이다. 절 수행은 불자 개인의 원력으로 수행되는 것을 제외하면 대개가 매월 혹은 매년 일정한 행사가 있을 때, 예를 들어 대학입시 백일기도나 출가절과 열반절 사이의 기간 동안 행해지는 경우가 많다.

청견 스님의 절 수행법 체계

한평생 절 수행을 하신 분들은 많이 있다. 그럼에도 불구하고 절 수행법이 가지는 장점을 인식하고 이를 체계화하여 대중화시키려는 구체적인 노력을 기울인 분은 드물다. 그 중 대표적인 분으로 법왕정사의 청견 스님을 꼽을 수 있다. 이미 스님의 절 수행법은 세간에 많이 알려져 있다. 스님이 절 수행법의 체계화에 대하여 사명자적 역할을 가지게 된 것은 철저한 자신의 체험에 바탕하고 있다. 500만배라는 경이적인 절 수행의 체험 과정에서 절 수행의 바른 방법, 그리고 그 효과에 대하여 뼈저리게 경험하였던 것이다.

이러한 경험을 통하여 절 수행에 대한 체계화를 시도한다. 청견 스님은 수행자에게 매일 108배를 기본으로 매주 토요일에는 1080배, 월말에는 3000배씩을 하도록 지도한다. 이를 통하여 각자의 생활 속에서 절 수행이 생활화되도록 한다. 스님이 절 수행을 대중화하면서 차별화된 가장 큰 특징은 지도와 교육시스템이다.

절 수행이 제대로 이루어지기 위해서는 교육과 실천 그리고 점검이 체계적으로 이루어져야 수행의 효과를 가질 수 있는 것이다. 따라서 스스로 발견한 절 수행의 노하우를 교육시킨다. 먼저 교육을 하고 그리고 수행에 들어가게 한다. 그리고 수행의 과정 속에서 개인적으로 나타나는 문제점을 면담을 통하여 점검한다.

청견 스님이 절 수행을 지도하는 데 눈여겨볼 것은 효율성과 현실성이다. 스님은 수행의 적합한 장소와 편한 복장을 강조한다. 그리고 절 수행의 기본자세와 호흡법을 강조한다. 3000배 정진은 이러한 여

건을 갖추고 질서 있게 진행된다. 죽비 소리에 맞추어 일사불란하게 수행이 이루어지며 청견 스님이 대중과 함께 직접 수행을 이끌어 나가는 것이 특징이다.

마음과 호흡을 중시하는 청견 스님의 절 수행법

청견 스님의 절 수행법의 핵심적인 노하우는 마음가짐과 호흡에 있다. 부처님을 향한 바른 마음가짐으로 수행의 목표를 분명히 하는 것이다. 그리고 바른 호흡을 통하여 절 수행의 생명을 부여한다. 호흡이 제대로 이루어지지 않으면 1080배 3000배 등의 절 수행은 이루어질 수가 없다는 것이 스님의 주장이다.

스님이 말하는 제대로 된 호흡법은 자동단전호흡법이다. 절 수행을 하는데 만약 역 호흡을 하게 되면 오히려 건강을 상하게 할 수도 있다. 절 수행은 인내를 감내하거나 고행을 통하여 하심을 하는 극기 훈련이 아니라는 점을 강조한다. 자동단전호흡법에 맞추어 절 수행을 하게 되면 뇌에서 알파파 파장이 증가하여 건강은 물론 마음이 편안해지고 지능지수와 감성지수가 모두 증가할 수 있다고 한다.

그리고 절 수행이 주는 매력 중의 하나는 수행을 통하여 건강을 회복할 수 있다는 점이다. 스님의 경험에 의하면 절 수행은 심장의 뜨거운 불기운은 아래로 내려가 사지를 따뜻하게 하고, 신장의 차가운

물기운이 위로 올라가 머리 부분을 차갑게 해 주는 '수승화강(水昇火降)'의 효과를 얻을 수 있다고 했다. 따라서 현대인들이 가지는 화병, 상기병, 불면증, 당뇨합병증, 우울증, 허리디스크 등을 절 수행을 통하여 치료할 수 있다고 한다.

절이란 자신을 낮추고 상대방을 높이는 예경의 행위이다. 따라서 절 수행은 하심(下心)을 통하여 아상(我相)을 깨고 무아(無我)의 자각을 통하여 동체자비의 삶으로 변화시킨다. 청견 스님은 수행중 항상 "부처님 크신 은혜 고맙습니다."를 외우게 한다. 이는 절을 통하여 부처님의 크신 은혜를 깨달아 평소 삼독심에 빠져 원망 생활하던 우리들의 삶 자체를 감사하는 생활로 전환하도록 하는 것이 수행의 현실적 목표란 것을 알 수 있게 한다.

절 수행을 독립된 수행법으로 확립하기 위한 요건

청견 스님의 이러한 노력에도 불구하고 한국의 절 수행은 아직 독립된 수행법으로 확고한 자리매김을 하지 못하였다.

그 이유는 아직 절 수행을 뒷받침하는 교리체계가 부족하고, 불교 신행적인 면과의 조화와 관계 설정이 애매하기 때문이다. 신체적 건강과 정신적인 안정 등이 불교 수행의 본질적인 목표는 아니다. 따라서 절 수행법에 대한 수행체계 속에 수행을 통하여 깨달음에 이르게 하는 지도방법이 좀더 세밀하게 보완되어야 한다.

우리나라에서 유행하는 요가수련이 요가의 본질적인 목표인 해탈을 포기하고 개인적인 건강과 미용에 이용되어 주객이 전도된 모습을 보이고 있는 현실을 보면 절 수행이 가지고 있는 문제점이 무엇인지를 분명히 알 수 있다. 즉 수행의 강조와 더불어 그것이 불교 신행을 고양시키도록 이끌어야 하는 것이다.

다음으로 중요한 것은 절 수행이 정식으로 독립된 수행법으로 인정되는 것이다. 불교 종단 내에서 수행자들의 절 수행을 하나의 정식 수행으로 인정하고 구체적인 지도가 이루어져야 한다. 예를 들어 하안거와 동안거 동안 매일 정기적으로 절 수행으로 할 수 있는 제도를 마련한다거나 '절 수행 전문도량'을 개설하는 것 등도 하나의 방안이 될 수 있을 것이다.

절 수행을 통하여 육체적으로 건강한 몸을 만들고 또한 마음을 청정하게 하고, 근기에 따라 염불이나 간화선 등을 병행하여 깨달음에 이르도록 지도하는 노력이 불교 종단적으로 필요하다고 느껴진다.

절 수행4

절 수행과 성불(成佛)의 문제

불교 수행의 궁극적인 목표는 성불(成佛)에 있다. 궁극적으로 부처가 되어 윤회의 고통으로부터 벗어나고자 하는 것이 불교이다. 그렇다면 절 수행을 통하여 깨달음을 얻고 부처가 될 수 있는가?

물론 무턱대고 열심히 절만 한다고 해서 성불할 수 있는 것은 아니다. 절 수행법이 올곧게 불교 수행법으로 자리잡기 위해서는 불교에 대한 올바른 세계관 정립이 필수적이다. 부처님께서 가르쳐 주신 법에 대한 자각이 없는 상태 속에서 절 수행만을 강조하게 되면 자칫 육체적인 굴신운동으로 전락할 수 있다. 따라서 연기 · 무아 · 공 등 부처님 법에 대한 철저한 인식 속에서 절을 하게 될 때 그 절 수행은 진정한 불교 수행법이 되는 것이다.

참회와 하심(下心)의 절 수행법

진정한 수행은 참회를 통한 업장소멸과 반야를 통한 지혜가 동시에 얻어져야 한다. 절 수행의 주요한 기능은 몸과 마음을 통한 참회이다. 이는 무시이래로 쌓은 업장을 소멸할 수 있다. 절을 하면서 신(身)·구(口)·의(意) 삼업(三業)을 정화하고 참회하여 업장을 소멸시키게 되는 것이다. 오랜 기간을 통하여 쌓인 업장을 녹이는 일은 쉬운 일이 아니다. 꾸준한 절 수행을 통하여 인욕심을 증진시켜나가면 업장이 소멸된다. 또한 절 수행을 통하여 인욕심이 증진됨으로써 삼매력이 길러질 뿐만 아니라, 하심(下心)을 통하여 자신을 낮추고 상대방에 대하여는 공경하는 마음을 가지게 된다.

절 수행을 육체적 굴신운동이라 비판하는 사람들은 절 수행을 통해서는 반야의 지혜가 잘 드러나지 않는다는 점을 강조한다. 물론 이러한 말에도 귀를 기울일 필요가 있다. 그것은 그 동안 한국불교의 절 수행이 기복적인 성격이 강했기 때문에 나타난 현상일 수도 있다. 깨달음을 목표로 하지 않고 기복을 목표로 한다면 절 수행뿐만 아니라 모든 수행에서 지혜가 드러나기는 어렵다. 또 절 수행을 간화선, 염불 등 다른 수행을 위한 예비적인 수행법으로 인식하는 데서 오는 현상일 수도 있다.

동체자비의 마음으로 사사불공하는 절 수행법

절 수행은 참회를 통하여 오랜 업장을 녹일 뿐만 아니라, 하심을 통하여 결국 무아(無我)에 이르게 된다. 이 무아의 체험이 중요하다. 무아의 체험은 나와 남의 경계가 허물어지면서 동체자비(同體慈悲)를 나투게 된다. 이러한 체험의 순간 스승은 무아가 연기(緣起)이며 공(空)이란 사실을 수행자에게 자각시켜야 한다. 그러기에 절 수행 또한 반드시 스승의 지도를 받아야 하는 것이다.

이에 대해《법원주림》제9권에는 이렇게 설하고 있다.

"요즘 승속(僧俗)들을 보면 부처님의 명호(名號)를 부름을 들을 때에도 비록 몸으로는 따라 예배하나 마음은 바깥 경계를 반연하여 중도(中道)에서 미끄러지더라도 조금도 반성하고 뉘우침이 없다. …… 또 어떤 승속들은 대중에 예배할 때 천 스님과 만의 속인들이 큰 소리로 주고받으면서 도에 지나치게 예배하면서 몸은 따라 절하지 않고, 마음은 공경히 생각지 않으며 마치 군인의 점호 같아서 다만 빈 이름만 기억한다. 이것은 방아가 오르내리는 것 같아 한갓 수고로울 뿐이요. 이익은 없다. …… 믿음에 의해 잘 들어가 지혜를 낼 수 있는 것인데 믿음이 이미 행해지지 않거늘 무엇에 의해 들어갈 수 있는가?"

진정한 절 수행은 참회와 더불어 지혜를 드러내고 이를 통해 성불에 이르게 하는 것이다. 절 수행은 부처님은 물론 타인과 일체 만물에게까지 예경하는 마음이 확산되게 된다. 이와 같이 일체 만물에 예경하고 감사하는 마음이 바로 불보살의 마음이며, 본래 우리의 마음인 것이다. 일마다 불공하는 사사불공(事事佛供)이야말로 바른 절 수행의 모습이라 할 수 있다.

절 수행의 의식과 절차

그렇다면 일상생활 속에서 절 수행을 어떻게 할 수 있을까? 절 수행의 장점은 사찰이 아니더라도 절을 할 수 있는 공간만 있으면 누구나 언제든지 수행할 수 있다는 것이다. 그럼에도 불구하고 무조건 절을 한다고 해서 수행이 되는 것은 아니다. 수행은 운동이나 신체단련과는 다른 것이다. 그래서 의식과 절차가 필요한 것이다.

이러한 절 수행의 의식에 대한 공식적인 원칙이 정해져 있는 것은 아니지만, 법당에서 대중들과 함께 정식으로 할 때와 개인이나 한두 명이 모여서 약식으로 할 때의 두 가지로 나누어서 제시해 보겠다.

첫째, 법당에서 대중들과 함께 절 수행하는 경우는 다음과 같다.

① 삼귀의, 또는 예불 ② 반야심경 또는 천수경 ③ 참회 ④ 발원문 독송 ⑤ 입정 ⑥ 절 수행 진행 ⑦ 회향문 독송 ⑧ 사홍서원

둘째, 집에서 혼자서 또는 2-3명이 절 수행을 하는 경우는 다음과 같다.

① 주변을 정리 정돈한다. ② 향을 피우고 마음가짐을 다진다(이때 중앙에 실물이건 사진이건 불상을 모셔두면 좋다). ③ 삼귀의(경우에 따라서는 삼귀의 이후 반야심경이나 천수경을 독송한다). ④ 입정 ⑤ 절 수행 진행 ⑥ 사홍서원

주력 수행1

주력 수행의 원천은 주문(呪文)의 초월적인 힘

종교적 주문의 초월적인 힘

주력(呪力) 수행이란 주문(呪文)을 지속적으로 외우는 수행이다. 국내에서는 주로 천수다라니와 능엄주 및 육자대명왕진언 등을 외우는 수행을 한다. 이러한 주문은 우리가 일상 속에서 사용하는 언어가 아니며, 따라서 의사소통을 목적으로 하는 것은 아니다. 주문에는 초월적이고 신성하고 신비한 힘이 담겨져 있으며, 수행자는 주문을 외움으로써 신비한 능력을 갖추게 되고 결국 깨달음에 이르게 된다. 이러한 '주문의 초월적인 힘'이 바로 주력 수행의 원천이 된다.

주문은 불교뿐만 아니라 힌두교와 도교 그리고 무교를 비롯한 수많은 종교에서 나타나는 공통적인 수행법이다. 그만큼 보편적인 수행법이란 뜻이며, 달리 생각하면 불교 외적 수행법과 혼란될 수 있는 여지가 높다고 할 수 있다. 주문이 가지는 신이하고 초월적인 힘 또한 불교뿐만 아니라 타 종교에서도 공통적으로 나타난다. 주문이 무엇이기에 신이하고 초월적인 힘을 간직하고 있는 것일까?

의례와 관련된 인도의 주문

고대 인도의 경우 주문은 의례와 관련되어 있었다. 즉 베다시대 신(神)들에게 공양물을 올리는 의례의 의식절차가 주문으로 행해졌다. 따라서 인도인들은 신들에게 올리는 주문이나 그것의 소리(Vāc)가 초월적인 힘을 갖고 있다고 생각했다. 이에 따라 주문은 신보다 앞서는 실체로서의 지위를 갖게 되었다. 특히 '옴(Oṃ)'과 같은 특정한 주문은 우주의 실체를 상징하는 것으로 여겼다.

이러한 인도의 주문은 힌두 탄트라 수행에 이르러 신의 힘(śakti)으로 인식된다. 신의 힘을 간직하고 있기에 초월적이고 신이한 능력을 발휘한다. 탄트라 수행자는 특정한 의례와 수행을 통하여 이 힘을 자기와 합일하는 것을 목표로 하게 된다. 인도에서 주문이 초월적 힘을 간직하고 있는 이유는 그것이 우주의 소리이며, 신의 소리이기 때문이다.

부처님의 가르침이 함축된 다라니(총지·진언)

불교에서 주문 또한 인도의 이러한 전통과 무관하지는 않다. 다만 불교의 주문은 신이 아닌 법(法)·법신(法身)의 소리라 할 수 있다. 이는 주문이 다라니(陀羅尼)·총지(總持)·진언(眞言)·대명주(大明呪)·호주(護呪) 등의 이름으로 불리는 데서 알 수 있다.

'다라니'란 본래 범어로서 기억·회상·유지·파악을 의미한다. 즉 '무엇인가를 꼭 붙들고 놓치지 않는 행위'를 내포하고 있다. 이는 대승불교에서 훨씬 적극적인 의미를 갖게 되는데, 부처님의 가르침을 잘 기억해 간직하는 것을 말한다. 즉 다라니에는 부처님의 모든 가르침이 함축되어 있는 것이다. 그러기에 '총지'라고 번역하는 것이다.

'진언'이란 밀교에서 법신(法身)인 대일여래(大日如來)께서 말씀하시는 진리의 실상이란 뜻이다. 이것을《반야경(般若經)》에서는 지혜의 완성 또는 근원적인 지혜 자체를 의미하여 대명주(大明呪)라 하고 있다. 이 대명주를 받아 지킴으로써 재해를 면하게 된다고 설하고 있다.

'호주'란 말은 남방불교에서 사용하는 빠릿따(parittā)의 번역어로 자주 사용된다. 남방불교권에서 사용하는 '빠릿'이라는 말은 주로 주문이나 그 주문이 적힌 경전 등을 지칭하는데, 어떠한 위험과 악으로부터의 보호, 방어 등의 의미를 갖는다.

이와 같이 '주문'은 법신(法身)의 소리, 즉 진리 그 자체의 소리이다. 법의 소리이기에 부처님이 법에 대하여 말씀하신 경전을 압축해 놓은 것이다. 그러기에 위험이나 악으로부터 보호하는 기능을 간직하고 있는 것이다. 이와 같이 불교에 있어 주문의 신비한 힘은 '법(法)'으로부터 오는 것이다. 바꾸어 말하면 부처님의 '법'으로부터 비롯되지 않은 주문은 불교 수행이라 할 수 없는 것이다. 따라서 아무런 주문이나 함부로 외우는 것은 극히 위험스러운 것이다.

스승의 지도가 필요한 주력 수행법

불교의 여러 수행법이 있지만 주력 수행은 다른 어떤 수행법보다 짧은 시간에 강한 체험을 얻을 수 있다. 그것은 주문이 가지고 있는 '초월적인 힘'때문이다. 주력 수행을 하게 되면 여러 가지 신체적이고 정신적인 체험을 경험하게 된다. 이는 질병이기보다는 수행이 진행되고 있다는 증거이다. 또 어느 정도 깊어지면 예언력과 예지력 등의 초능력이 나타나기도 하는데 대개의 경우 마장이라 한다. 그러나 이러한 마장을 극복하고 더욱 수행을 정진하게 되면 깨달음에 이를 수 있는 것이다.

　'주문을 통하여 과연 깨달음에 이를 수 있는 것일까?' 혹은 '주문은 밀교 수행법이며, 따라서 현교의 수행법은 될 수 없는 것이 아닌가?' 하고 의문을 가지는 사람들이 많다. 그러한 의문은 주문의 신령한 힘의 원천이 어디에서 오는가에 달려 있다. 그러므로 불보살에 의하여 이미 검증된 주문을 외우고 지성으로 수행하는 것이 중요하다. 아울러 주력 수행은 신비한 체험의 세계를 수반하기 때문에 반드시 발심이 이루어진 상태에서 스승의 지도를 받으며 수행하는 것이 필요하다. 신이한 체험이 곧 깨달음을 의미하는 것은 아니다. 수행 도중에 나타나는 현상일 뿐이다. 따라서 먼저 그러한 체험을 경험한 스승의 지도를 받으면서 수행을 해 나가는 것이 반드시 필요하다.

주력 수행 2

주력 수행의 역사적 흐름

한국불교에 있어서 주력 수행의 역사

선(禪)이 우리 땅에 들어오기 이전부터 주력 수행은 한국불교에서 행해져 왔다. 그리고 역사를 통하여 지금까지 한국불교의 주요한 수행법으로 실천되고 있다. 일연의 《삼국유사》에는 명랑법사가 당나라에서 문두루비법을 배워왔으며, 나당전쟁이 일어나자 이를 통하여 두 차례나 당나라 군대를 무찌르고 사천왕사를 창건했다는 기록이 보인다. 이때 밀교종단인 신인종이 탄생하였다.

그 후 혜통에 의하여 총지종이 탄생하게 된다. '총지'가 곧 다라니라는 말이니, 총지종이란 다라니를 지송하고 사경하거나 호마법을 통하여 국가의 재앙을 막는 밀교종파였다. 이는 삼국통일을 전후하여 밀교종단이 형성되었으며, 그 이전부터 주력 수행이 행해지고 있었음을 알게 한다.

일본의 기록에는 백제에 《청관음경》이 널리 유포되었다는 내용이 전한다. 이 경전의 내용은 무량수불과 관세음보살이 중생을 제도하는 것인데, 그 속에 네 가지의 다라니가 보이며 그것이 등장하게 된 인연이 소개되어 있다. 이는 백제에도 주력 수행이 유행했다는 증거이다.

또 해동화엄 초조로 알려진 의상 스님의 〈백화도량발원문〉에도 "일체중생으로 하여금 대비주(大悲呪)를 외우고 보살의 이름을 부르게 하여 다 같이 원통삼매 성품의 바다에 들기를 발원하나이다."라고 하고 있다. 대비주는 다름 아닌 천수다라니를 지칭하는 것이다. 이처럼 삼국시대에 주력 수행이 광범위하게 유행되었음을 알 수 있다.

고려시대에는 《능엄경》이 유행되면서 이 경전에 포함되어 있는 능엄주의 수행법이 자연스럽게 유포되었을 것으로 추측된다. 《능엄경》은 고려 전기 대학자였던 이자현 거사에 의하여 크게 유포되었으며, 이후 한국불교에 큰 영향을 미치고 있다. 또 고려 후기에는 천태종의 원묘 요세가 백련결사를 하는 과정에서 염불 수행과 더불어 하루 천 번씩 준제(准提)다라니를 외웠다고 한다. 이러한 사실들은 고려시대에도 주력 수행법이 주된 수행법이었음을 말해 준다.

조선시대에도 주력 수행은 사찰을 중심으로 하여 신도들 사이에서 유행하였음을 알 수 있는데, 그러한 증거가 다라니를 묶어 간행한 진언집의 발간이다. 그 시초는 고려 말 원나라불교의 영향 속에서 나타나지만, 조선시대의 대표적인 것은 1485년 발간된《오대진언집(五大眞言集)》이다. 이 책은 대불정다라니(大佛頂陀羅尼), 불정존승다라니(佛頂尊勝陀羅尼), 대비심다라니(大悲心陀羅尼) 등 오대진언을 함께 묶어 간행한 것이다.

근대의 밀교 종단들과 고승들의 주력 수행

근현대에 와서도 주력 수행은 여전히 유행하고 있다. 우선 총지종 · 진각종 · 진언종 등 밀교종단들의 출현이 그것을 단적으로 말해 준다. 밀교종단의 중심적인 수행법이 바로 주력 수행법이니 밀교종단의 출현과 성장은 주력 수행을 대중화 보편화시키는 데 큰 역할을 하게 된다.

근현대 주력 수행은 비단 밀교종단 성립과 더불어 유행하게 된 것만은 아니다. 근대의 고승인 수월 스님과 용성 스님이 이미 천수다라니 수행을 중시했기 때문이다. 특히 수월 스님의 경우 그의 스승인 경허 스님으로부터 천수다라니 주력을 일생 동안 수행할 것을 지도

받고서 자나깨나 천수다라니를 외워 드디어 깨달음에 이르게 된다. 수월 스님의 주력 수행에 관한 많은 일화가 전해져 오고 있는데, 그 중 하나를 소개한다.

"경허 스님은 수월 스님의 법기가 무르익었음을 알고 7일 동안의 용맹정진을 허락하였다. 수월 스님은 방석에 앉은 뒤 식음을 전폐하고 '대비심다라니'를 외기 시작했다. 드디어 이레째 되던 날 밤, 아랫마을에서 '불이야'라는 소리와 함께, 온 동네 사람들이 집 밖을 나와 보니 자신들의 집이 아니라 바로 천장암에서 뿜어져 나오는 불기둥이었다. 알고 보니 그것은 천장암에 있던 수월 스님이 깨달음의 자리에서 내뿜는 방광(放光)이었다."

수월 스님은 조실부모하고 머슴살이로 연명하였는데 글자를 전혀 모르는 까막눈 출신이었다. 이러한 수월 스님에게 스승인 경허 스님은 주력 수행을 지도한 것이다. 일자무식의 수월 스님이 일심으로 주력 수행을 한 끝에 신이한 능력을 보유함은 물론 깨달음에 이르게 되었던 것이다. 이러한 수월 스님의 예화는 불자들로 하여금 주력 수행의 효과를 믿고 직접 주력 수행을 실천하게 하는 데 큰 역할을 하였다.

현대의 주력 수행

현대에 들어와 주목할 만한 주력 수행법은 성철 스님에 의해 퍼지게 된 능엄주와 아비라기도이다. 능엄주 수행은 현재 백련암 문중의 사찰들을 통해 하나의 프로그램으로 정착되어 조직적으로 이루어지고 있다. 아비라기도는 성철 스님이 1950년대 중국 총림의 수행법으로 알려진 것을 도입하여 유포시킨 것이다. 그 수행법은 "옴 아비라 훔 캄 스바하"라는 비로자나 법신진언을 지속적이고 반복적으로 암송하는 것이다.

이와 같이 주력 수행은 역사적으로 한국불교의 중요한 수행법으로 지속되어 왔다. 진각종을 비롯한 주력 수행을 주로 하는 불교종단의 출현은 한국불교사의 흐름 속에서 어찌 보면 자연스러운 일이라 할 수 있다. 간화선사인 용성 스님, 수월 스님, 성철 스님 등이 주력을 중시한 것도 이상하게 여길 일은 분명 아니다. 오히려 바른 주력 수행법을 제대로 실천할 수 있도록 지도하고 수행을 통하여 깨달음에 도달할 수 있도록 지도하는 것이 중요하다 하겠다.

주력 수행3

주력 수행의 절차와 방법

대중들과 친숙한 주력 수행법

　　　　　　한 출가 수행자가 있었다. 행자 시절 스승으로부
터 다라니의 내용을 종이에 받아 적고서 주머니에 집어넣는다. 얼마
가 지나 공양간에서 솥에 쌀을 부어넣고서 부뚜막에 앉아 밥이 익기
를 기다리다가 머릿속에 떠오르는 상념들을 물리치기 위해 우연히
주문을 웅얼거린다. 문득 주머니에서 꼬깃꼬깃 접혀진 다라니의 내
용을 발견하게 되고 그것을 한줄 한줄 외우면서 주력 수행을 접하게
된다. 그러던 그 행자는 밭에 나가 고소를 캐거나 풀을 매면서 공양
간에서 외웠던 주문을 다시 반복하게 되고 드디어 어느 날엔가 바위

위에 앉아 주문을 외우다가 시간 가는 줄도 모르고 삼매에 빠져들게 된다.

또 힘들게 살던 시절 어느 절에 다니던 한 보살이 있었다. 어느 날 스님에게 알 수 없는 주문 몇 자를 받게 된다. 그것을 외우면 부처님 께서 복을 주신다는 말에 지성으로 주문을 외우기 시작한다. 이른 새 벽 절구통에 보리쌀을 찧으면서 주문을 외우고, 밥을 하기 위해 아궁 이에 불을 지피면서 부지깽이로 장단을 맞추어 가며 주문을 외우고, 밭에 나가 혼자 일을 하면서도 주문을 외웠다. 그렇게 주문을 외우자 가슴 속 알 수 없는 갑갑증도 없어지고, 몸에 있던 병도 하나 둘 사라 지게 된다. 그 보살은 더욱 열심히 주문 수행을 한다. 그러다가 어느 날 문득 삼매에 빠지게 된다.

이렇게 주력 수행은 우리나라의 불자라면 출·재가를 막론하고 우연히 접하게 되지만 쉽게 친숙해진다. 그만큼 대중적인 수행법이 다. 천수다라니와 능엄주 그리고 육자진언 등은 이미 대중들과 친숙 한 주문들이다. 이러한 주문은 민간에 널리 유포된 경전과 밀접한 관 련이 있다. 즉 천수다라니는 《천수경》의 유행과, 능엄주는 《능엄경》 의 유행과 깊은 관련이 있다. 다만 '옴 마니 반메 훔'의 육자진언은 10세기에 한역된 《대승장엄보왕경》에 그 수행의 공덕이 설해져 있지 만 이는 유포되지 않았고, 《육자대명왕다라니경》 《육자대명왕경》

등 몇 개의 경전들이 우리나라에서 새롭게 찬술되어 유포되었다. 어쩌면 주문은 글을 모르는 민중을 위하여 부처님께서 경전의 내용을 압축해 놓은 것인지도 모른다.

주력 수행의 의식과 절차

"이러한 주력 수행에 무슨 의식과 절차가 필요할까?" 또는 "시간과 공간의 특별한 제약이 없이 언제 어디서나 수행할 수 있는 것이 주력 수행의 장점인데 의식과 절차를 강요하게 되면 오히려 수행력을 더 떨어뜨리게 되는 것은 아닌가?" 하는 의문이 들기도 한다. 그러나 이렇게만 생각할 일이 아니다.

모든 수행에 있어 그 절차를 세우는 것은 반드시 필요하다. 그것은 일정한 형식의 통일을 통하여 누구나 올바른 수행을 할 수 있게 지도하며, 수행의 본질과 목표를 분명히 하여 수행자를 바른 길로 안내하기 위함이다. 주력 수행 또한 마찬가지이다.

그렇다면 주력 수행의 절차 속에 꼭 필요한 요소는 무엇일까? 그것은 준비 · 예경 · 발원 · 참회 · 염송 등으로 압축할 수 있다.

'준비' 절차로 우선 주력 수행의 장소를 청결히 하고, 언행과 마음가짐을 청결히 한다. 천수관음상을 모시거나, 석가모니불 혹은 대세지보살을 모신다. 만약 여의치 않으면 마음속으로 부처님을 모신다. 일정한 기간 동안 자신을 정화하기 위해 계를 철저히 지킨다.

또 기도하는 공간을 별도로 정하고 그곳을 성스럽게 여겨야 한다. 이를 결계(結界)라 한다. 예전에는 이 결계가 굉장히 강조되었다. 칼을 가지고 주(呪)를 21번 외운 뒤 땅에 금을 그어 구역을 설정하기도 하고, 깨끗한 물을 가지고 주를 21번 외운 뒤 사방에 뿌려 구역을 설정하기도 했으며, 다섯 가지 빛깔의 실을 가지고 주를 21번 외운 뒤 사방에 둘러쳐서 구역을 설정하기도 하였던 것이다.

'예경'이란 주문을 외우기에 앞서 여러 불보살과 천신들 혹은 관세음보살에게 향을 피우고 절을 올려 예를 드리는 것이다. '발원'이란 간절한 마음으로 자신의 원(願)을 세우는 것이다. 일체의 중생을 건지겠다는 대자비심을 일으키는 발원을 해야 한다.

'참회'란 과거 자신의 잘못된 업을 녹이는 행위이다. 신구의(身口意)로 지은 모든 업에 대하여 진실로 참회가 이루어져야 한다.

'염송'이란 주문을 외우는 것이다. 주문을 외울 때는 주문에 마음을 집중하여 염송해야 하며, 주문의 공덕과 능력에 대하여 의심을 가져서는 안 된다.

현재 우리나라의 사찰이나 몇몇 수행단체를 중심으로 주력 수행을 비교적 체계적으로 지도하고 있다. 물론 그 수행 절차와 방법이 모두 통일되어 있는 것은 아니지만, 각 수행처마다 자신의 수행절차를 제시하여 지도하고 있다. 따라서 주력 수행을 하려는 수행자는 이러한 사찰이나 수행단체를 통하여 주력 수행을 하는 것이 바람직하다고 하겠다. 이러한 수행단체에서 이루어지고 있는 주력 수행의 공통분모는 준비 · 예경 · 발원 · 참회 · 염송 등임을 확인할 수 있다.

주력 수행4

주력 수행에 나타나는
이적과 깨달음의 문제

정성된 주력 수행이 이룬 이적

　　　　　주력은 대부분의 종교에 나타나는 공통된 수행법이다. 그런데 주력 수행에는 많은 이적과 신통이 동반된다. 이러한 이적과 신통은 수행의 결과이지만 때로는 궁극적인 깨달음에 이르는 길을 방해하기도 한다.

　근대 우리나라에 수많은 민족종교의 출현은 경신(1860)년 4월 수운 최제우 선생이 한울님으로부터 천명을 받은 사건으로부터 시작된다. 《동경대전》에 의하면 수운은 이러한 명을 받았다고 한다.

"나에게 영부(靈符)가 있으니 그 이름은 선약(仙藥)이요, 그 형상은 태극과 같고 또 그 형상은 궁궁(弓弓)과도 같으니, 나의 이 부적을 받아서 사람의 질병을 건지고, 나의 주문을 받아서 사람을 가르쳐서 나를 위하게 하면 너도 또한 장생하여 덕을 천하에 펴리라."

이렇게 한울님에게 받은 부적과 주문을 수운은 사람들에게 써 보았다. 그런데 많은 사람의 병이 호전되었지만 모두 그런 것은 아니었다. 그 연유를 살펴보니 정성을 들이고 한울님을 위하고 도덕을 순종하는 자만이 효험이 있었다고 한다. 동학이 성경신(誠敬信)을 강조하게 된 이유를 짐작하게 하는 대목이다. 주문을 수행하되 먼저 자신의 마음을 지극히 정성스럽게 해야만 한다는 것이 수운의 가르침이었던 것이다.

주력 수행을 지극히 하면 종종 초자연적인 능력이 생기게 된다. 처음에는 몸이 떨리거나 섬뜩한 기운을 느끼는가 하면, 다라니가 눈앞에 어른거리기도 한다. 주력이 깊어지면 어떤 사람의 전생이 보이기도 하고, 멀리 있는 사람의 이야기가 들리기도 하고, 혹은 미래에 일어날 일들을 미리 알게 되기도 한다.

주력 수행에 있어서 스승의 필요성

　　　　　우룡 스님의 주력에 대한 일화는 잘 알려져 있다. 스님은 하루 8시간 동안 법당에서 기도하고 나머지 시간은 능엄주에 진력하였다. 60일 내지 70일이 지나자 그날 몇 시에 누가 올 것을 미리 알게 되었는가 하면, 수십 리 밖의 신도의 집이 다 보이는 등 많은 초능력이 생겼다고 한다. 심지어 앞에 선 사람의 몸을 보면 투명체처럼 다 들여다보이고 몸 안의 병을 환히 알 수 있었다고 한다.

　이에 우룡 스님은 금봉 노스님을 찾아가 "지금 나의 경지가 도를 통한 것인가"라고 물었다. 그런데 칭찬받기는커녕 "이 죽일 놈! 마구니의 자식새끼! 중 노릇을 한 것이 아니고 마구니 노릇을 했구나." 하는 금봉 스님의 호통을 받게 된다. 그리고 일체의 바깥출입을 금하고 노스님 곁에서 신통력을 떼는 공부를 하게 된다.

　나중에 우룡 스님은 자신이 체험한 경지를 다른 노스님들께 물어보자, 식광(識光)까지는 체험했지만 그것이 궁극적인 경지는 아니었다고 듣게 된다. 즉 신통력의 체험이 깨달음으로 가는 중간 단계의 체험이지 궁극적 지점이 아니라는 것을 강조한 것이다.

　필자는 '만약 우룡 스님께서 그때 선 수행자가 아닌 주력 수행을 통하여 깨달음을 얻은 스승을 찾아갔더라면 어떠했을까?' 하는 생각을 해본다. 금봉 스님의 호된 지적은 자신이 가진 신통력을 깨달음의 경지로 착각하여 아만심에 빠지고 나아가 궁극적인 깨달음을 놓칠 수 있는 것을 크게 경책한 것이다. 따라서 '당시 우룡 스님의 신통력이 깨달음으로 가는 중간 정도의 단계에서 체험하는 것이라면, 마장에 빠지지 않고 계속 주력 수행을 하여 깨달음에 이르는 길을 가르쳐 주는 스승'이 필요했던 것이다.

경전에는 보살들이 수행을 통하여 육신통을 얻는다고 분명히 말하고 있다. 육신통이란 천안통·천이통·숙명통·타심통·신족통·누진통 등을 말한다. 천안통이란 육안으로 볼 수 없는 것을 보는 신통이다. 천이통이란 보통 귀로 듣지 못할 음성을 듣는 신통이다. 숙명통이란 지나간 세상의 생사를 아는 신통을 말한다. 타심통이란 다른 사람의 마음을 자유자재로 아는 신통을 말한다. 신족통이란 여의통이라고도 하는데 자유자재로 경계를 나타내거나 날아다니는 신통이다. 누진통이란 자재하게 번뇌를 끊는 신통이다. 보살은 이러한 신통력을 당연히 가지고 있으며, 그것을 중생을 제도하는 데 적극 활용하고 있다.

모든 수행은 깨달음을 향해 있다. 그리고 그 길은 미묘하여 체험한 자만이 길을 안내할 수 있다. 주력 수행을 통하여 나타나는 이적과 신통력은 어쩌면 당연할 수도 있다. 그러나 거기에 혹하여 그것이 깨달음의 경지인 양 착각하여서는 절대 안 될 것이다. 또한 이적과 신통력이 나타나면 무조건 마구니의 장난으로 단정하여 당장 주력 수행을 그만둘 일만도 아니다. 모든 수행의 과정에서는 일시적인 혼란이 있을 수밖에 없다. '도고마성'이라고 도가 높아지면 마구니의 유혹이 있기 마련이다. 석가모니 부처님 또한 깨달음을 앞두고 마구니의 유혹이 있었다. 그러한 유혹을 물리치고서 정각을 이룰 수 있었다.

수행에서 중요한 것이 스승의 존재이다. 깨달음을 체험한 사람만이 제자를 바로 지도할 수 있다. 주력 수행을 함에 있어서 부처님의 법에 의지하고 또 주력 수행을 오래하여 법에 대한 안목을 지닌 스승을 찾아 수시로 점검과 지도를 받아야 하는 것이다.

사경 수행1

수행으로써 사경이 지니는 의미

공덕의 원천이자 경전유포의 방법으로서 사경

　　　　　"수행을 통하지 않는 깨침이 가능할까?" 하고 묻
는다면, "그렇지 않다"라고 대답할 것이다. 그렇다면 "수행을 하지
않고서 공덕이 가능할까?" 하고 묻는다면 어떻게 대답해야 할까?

　불자들이 사경(寫經)을 하는 주된 이유는 공덕을 쌓기 위함이다.
복장용 사경에 치중하는 것도 그러한 이유이다. 그런데 부처님께서
는 여러 경전에서 사경의 공덕에 대하여 말씀하고 계신다. 사경을 하
면 분명 공덕이 있는 것이다. 만약 공덕의 원천이 수행이라면 사경
행위 자체가 수행이 되는 원리가 숨어 있는 것이다.

사경의 공덕을 강조하는 데는 불교를 널리 전파시키기 위한 의도가 숨어 있다. 부처님 말씀이 문자화된 경전으로 편찬되기 이전에는 암송에 의해 경전이 전해져 왔지만, 경전이 문자로 편집된 이후에는 불교를 알리고 전하는 역할을 경전이 담당하게 된다. 그런데 인쇄술이 발달되기 전까지 경전을 유포시키는 가장 확실한 방법은 바로 사경이었던 것이다.

사경 수행의 방법과 깨달음

그렇다면 이러한 사경이 어떻게 수행이 되고, 나아가 깨달음에 이를 수 있는 것일까?

사경의 '사(寫)'란 '베끼다 · 본뜨다 · 모방하다 · 그리다' 등의 뜻을 지닌다. '경(經)'이란 '법 · 이치 · 부처님의 말씀'이라는 뜻이다. 즉 사경은 부처님께서 설하신 경전의 내용을 옮겨 쓰는 행위를 의미한다. 물론 '경'이란 법보(法寶)로서 받들어지는 경 · 율 · 론 삼장(三藏) 모두가 해당된다.

붓글씨에서는 스승의 글씨를 '체받는[寫]' 것으로부터 시작된다. 스승의 글씨체를 받아 그대로 될 때까지 수없이 반복함으로써 서예(書藝)의 경지를 이루어내는 것이다. 경전을 체받는 행위는 처음에는 글씨를 베끼는 행위에서 출발하지만 결국 법(法)에 관한 부처님의 말씀을 그대로 본받는 데로 나아가게 된다. 그러기에 진리 그대로를 닮고자 하는 간절한 마음이 사경 수행자의 발심이 되는 것이다. 이러한 발심이 사경의 행위에 집중될 때 내적으로는 진리와 하나가 되고, 외적으로는 성스러운 경전이 새롭게 태어나는 것이다.

《화엄경》보현행원품에서는 "이 사바세계에 오시기까지 법신인 부처님께서 처음 발심한 때로부터 정진하여 물러나지 않으시고 수없이 많은 몸과 목숨을 보시하고, 살갗을 벗겨 종이를 삼고, 뼈를 쪼개 붓을 삼고, 피를 뽑아 먹물을 삼아 사경하기를 수미산만큼 하였다." 라고 하여 사경의 중요성을 말하고 있는 것이다.

일념(一念)이 되어 있지 않은 상태에서는 사경의 행위가 이루어질 수 없다. 만약 한 순간이라도 번뇌가 일어나면 오ㆍ탈자가 날 수밖에 없다. 즉 부처님 말씀을 옮기는 순간이야말로 부처님과 진리와 내가 삼위일체가 되어 있어야 한다. 사경 행위가 수행이 됨은 물론 이미 한 마음을 모아 삿된 번뇌를 다스린 수행자라야만 사경을 할 수 있는 것이다.

최대한의 공경심을 가지고 사경을 하는 이유 중에 하나는 부처님의 사리를 대신하여 법신사리로서의 역할을 경전이 하고 있기 때문이다. 법신사리란 석가모니 부처님의 사리를 대신하여 법의 몸이라 할 수 있는 경전을 말하며, 이를 부처님의 사리를 대신하여 탑에 봉

안하는 것이다. 부처님의 사리를 대신할 경전을 사경하는 행위야말로 일점일획의 차이도 용납할 수 없다. 부처님을 간절히 경배하면서 한 글자 한 글자 사경을 해야 한다.

수행 결과물이 눈앞에 실재하는 사경

사경 수행은 그 결과물이 눈앞에 실재한다는 점에서 차별성이 있다. 다른 수행법들이 주로 내면에서 이루어지는 반면 사경 수행은 내면의 경지가 외면의 결과물을 통하여 드러난다. 그러다 보니 자칫 밖으로 드러난 결과물에 치중할 소지가 있다. 이는 수행자가 반드시 경계해야 한다.

사경은 예술작품을 만드는 미적 행위가 아니다. 비록 아무리 아름답게 사경을 하였더라도 그것이 미적 대상에 그친다면 그것은 사경 수행이라 할 수 없다. 모든 수행의 궁극적 목표는 깨달음에 있는 것이며 사경 수행 또한 깨달음을 향해 나아가야 하기 때문이다. 한 획을 긋고 한 구절을 사경하는 데 온 마음을 다하게 되면 경전의 의미가 온전히 드러나게 되고 깨달음의 순간이 오게 되는 것이다.

인쇄술이 발달하지 못했던 시절의 사경 행위는 부처님의 가르침을 전파하는 주요한 수단이었다. 그래서 그 공덕은 사찰을 짓거나 불전을 장엄하는 것보다도 큰 것이었다. 그런데 "지금과 같이 인쇄술이 발달한 시대에도 그 공덕이 그만큼 큰 것이라고 말할 수 있으며, 불교의 한 수행법으로 가치가 있다고 말할 수 있을까?" 하는 의문을 가지지 않을 수 없다.

불자에게 회광반조의 효과를 주는 사경

그런데 사경은 요즘 불자에게 있어서 그 수행 효과가 오히려 크다고 말할 수 있다. 산란한 마음을 가라앉히고, 한 곳에 마음을 집중시키고, 천천히 글씨를 쓰는 것이 사경의 구체적인 실천이다. 잠시도 마음을 한 곳에 집중하지 못하는 현대인에게 사경 수행은 자신의 본래 마음을 되돌아보게 하는 효과를 가지게 한다.

이는 선(禪)에서 말하는 회광반조(廻光返照), 즉 한마음 돌이켜 자신의 본래면목을 되돌아보는 효과를 나투게 하는 것이다. 또 사경에 임하는 순간 일념에 집중함은 다름 아닌 삼매(三昧)의 경지라 할 수 있다. 이러한 삼매의 체험 속에서 경전의 내용을 사경하기 때문에 어느 순간 경전에 대한 지견(智見)이 열리게 되는 것이다.

사경 수행 2

사경 수행의 의식 절차

사경 수행은 법공양의 행위

해인사 장경각에는 팔만대장경 경판이 있다. 명실 공히 우리 민족 최대의 문화재이다. 그래서 팔만대장경이라는 문화 유산이 주는 세계적 가치에 대해 민족적 자부심이 대단하다. 그럼에 도 불구하고 팔만대장경은 장경각 속에 갇혀서 현대인과의 거리를 좁히지 못하고 있다. 가끔씩 "도대체 팔만대장경이 현대인에게 주는 의미는 무엇일까?" 하는 질문을 스스로 던져 본다.

생각해 보면 팔만대장경에는 광대한 철학적 종교적 의미가 내재되 어 있다. 또 그 대장경이 탄생하기까지는 실로 엄청난 불심(佛心)이

응축되어 있다. 기존의 수많은 경전들을 모아 대조하여 가장 완벽한 모본을 만들고, 엄청난 분량의 대장경을 한 글자 한 글자 온 정성을 다하여 사경하고, 다시 한 글자 한 글자 판각하였던 것이다. 그 치열한 불심과 정성과 수행이 실로 경이로울 뿐이다.

팔만대장경을 만드는 데 중요한 과정의 하나가 바로 '사경'이다. '한 글자를 쓰고 108배를 하였다'는 말이 전하여 내려온다. 정성의 차원을 넘어 절대세계에 대한 두려움조차 엿보이는 모습이다. 왜 그랬을까? 사경의 행위는 다름 아닌 부처님의 말씀을 자신의 손을 통하여 세상에 드러나게 하는 작업이기 때문이다. 모든 중생들의 원(願)을 대신하여 법신의 부처님을 조성하는 순간이기 때문이다. 한 점의 부정(不淨)도 용납되지 않는 청정무위의 상태가 아니고서는 한 글자의 사경도 용인되지 않았던 것이다.

그러기에 사경 수행은 법공양의 행위로 인식되었으며, 그 공덕은 무한히 크다고 수많은 경전을 통해 부처님께서는 말씀하고 계신다. "경전을 사경하고 인쇄하여 세상에 널리 펴 보시하고 공양한 공덕으로 인하여 내가 이 자리에 이르렀노라."라고 한 미륵부처님의 말씀이 그것을 말해 준다. 업장을 소멸하고 공덕을 쌓는 것이 바로 사경 수행이니 현대인에게도 크게 권할 만한 것이다.

사경하는 마음가짐

　　　　　사경을 구체적으로 하기 위해서는 먼저 마음가짐을 갖추어야 한다. 우선 신심(信心)을 발하고 하심(下心)을 갖추어야 한다. 부처님의 가르침을 굳게 믿고 부처님 앞에 자신을 완전히 낮출 수 있는 마음이 수행의 기초가 되기 때문이다. 사경이란 법신 부처님을 조성하는 행위이기 때문에 스스로 부처가 되겠다는 용맹심 또한 갖추어야 한다. 아울러 공덕을 추구하되 그 공덕을 모두에게 돌리는 회향하는 마음도 필요하다.

　다음으로 사경할 대상 경전을 선택해야 한다. 사경할 경전은 자신의 목적과 능력에 맞추어 신중하게 선택해야 한다. 일반적으로 사경에 많이 이용하는 경전은 《묘법연화경》과 《화엄경》 그리고 《금강경》 등이다. 그러나 처음 사경을 하는 수행자는 짧은 다라니나 게송, 혹은 《반야심경》과 같이 짧은 경전을 사경하는 것이 바람직하다. 경우에 따라서는 '불(佛)·심(心)·보살(菩薩)' 등 일자불 사경을 해도 괜찮다. 한 글자를 수없이 반복하는 것은 화두를 참구하듯 어느 순간 마음이 확 열리는 효과가 있다. 초보자의 경우 짧은 경전을 사경하다가 수행의 힘이 길러지면 차츰 분량을 늘리는 것이 좋다.

　사경 수행 전에 반드시 점검해야 할 것은 무엇일까? 사경 수행 전에 꼭 지켜야 하는 것은 도량을 청결히 하고, 자신의 몸과 마음을 청정히 하고, 도구와 재료를 청정히 하는 것이다. 옛 기록에는 사경시에만 입는 옷을 따로 준비하여 입었으며, 대소변을 보거나 누워 잠을 자거나 음식을 먹었을 때에는 향수로 목욕한 후에야 다시 사경에 임했을 정도로 청정함이 강조되고 있다.

그리고 사경 수행함에 있어서 정해진 의식절차는 있는 것일까? 통일신라나 고려시대의 경우에서 일정한 사경의식이 있었던 것 같다. 그러나 현재 통일된 사경의식이 있는 것 같지는 않다. 사찰마다 사경법회가 있긴 하지만 체계적인 사경 수행을 행하지 못하고 있는 것이 실정이다. 사경 수행에 대한 지도자 교육도 드물어 앞으로 많은 종단적인 노력이 필요하다. 다만 사경 수행을 모범적으로 하는 몇몇 수행단체를 중심으로 의식을 체계화하려는 노력이 보이고 있다.

대중 사경의식의 절차

사경의식은 개인 사경의식과 대중 사경의식으로 나눌 수 있다. 참고로 '대중 사경의식'의 한 예를 소개하면 다음과 같다.

① 삼귀의 ② 삼배 ③ 반야심경 독송 ④ 경전 독송(사경할 내용 독송) ⑤ 사경참회문 독송 ⑥ 사경발원문 독송 ⑦ 항마진언 독송 ⑧ 십념염불(혹은 시방염불) 독송 ⑨ 사경관념문 독송 ⑩ 입정 ⑪ 사경 ⑫

사경 봉독(반야심경의 경우 생략) ⑬ 사경회향문 독송 ⑭ 사홍서원 ⑮
삼배

참회와 발원 그리고 염불과 회향 등의 절차가 사경의식 속에 들어
가 있음을 주의할 필요가 있다. 이같이 사경은 단순히 경전을 베끼는
행위가 아니다. 자신의 업을 참회하고, 일체중생의 구원을 발원하고,
삼매의 상태에 들어 비로소 사경을 하는 것이며, 그 공덕 또한 모두
에게 회향하는 것이 사경 수행이라 하겠다.

사불 수행

사불 수행의 방법과 의의

불보살상을 채색 장엄하여 불보살을 닮아가는 사불 수행

　　　　　사불(寫佛) 수행이란 불상이나 보살상, 신중상을 그리고 새기고 또 채색하여 장엄하거나 장식하는 행위, 나아가 스스로의 불보살을 닮아가는 수행을 말한다. 그 동안 사불 수행은 주로 전문가에 의하여 불단 및 법당을 장엄하거나 혹은 불상의 복장물로 사용하기 위하여 또는 탑을 세워 그 탑 속에 사경과 더불어 보관할 목적으로 행해져 왔다. 전문가들의 전유물이란 생각 때문에 불자 사이에서 일반화되지 못하고 있는 것이 현실이다.

　　부처님의 모습을 떠올리고 그것을 형상화하는 작업이야말로 불심

(佛心)을 증진시키고 나아가 부처가 되는 효과적인 수행법이다. 우선 부처님이나 보살들과 친근해질 수 있는 수행법이라는 점에서 사불 수행은 매력이 있다. 부처님이 나와 먼 거리에 존재하는 것이 아니라 가까이 있으며, 가까이 있는 부처님을 스스로 그려내는 행위 속에는 이미 불보살의 마음이 자리하기 때문이다.

불교수행으로써 사불선과 사불의 과정

사불 수행은 크게 두 과정으로 나눌 수 있다. 첫째, 그림으로 완성해 내기 전에 사불선(寫佛禪)을 통하여 부처님의 모습을 마음속으로 형상화하는 것이다. 다음으로 관상한 부처님을 형상으로 그려내는 사불(寫佛)의 과정이다. 사불을 하기 전에 사불선을 행해야 하는 것에 주의할 필요가 있다. 깊은 삼매의 경지에 들어서 부처님의 원만한 32상 80종호의 상호를 떠올리는 과정이 꼭 필요한 것이며, 이러한 사불선의 과정이야말로 사불이 불교의 수행으로써 자리매김할 수 있는 기초가 된다.

사불 수행은 불화를 그린다는 점에서 어느 정도의 예술적 취미와 재능을 필요로 한다. 초본 없이도 불화를 그리는 경지에 도달하려면 특별한 사람이 아닌 이상 기초적인 수련을 필요로 한다. 일반적으로 시왕초(十王抄)를 시작으로 하여 3천 장을 그린 다음, 각 불보살의 초를 5천 장 내지 1만 장 정도를 그려야 초본 없이 직관적으로 불화를 그릴 수 있다고 한다. 물론 이렇게 사불 수행을 한다면 좋은 일이지만, 일반 불자들이 곧장 이러한 경지에 이르기는 쉬운 일이 아니다. 따라서 처음에는 초본을 가지고 사불을 하는 단계가 필요하다.

사불 수행의 의식절차와 의미

이러한 사불 수행의 경우 어떠한 의식이 필요할까? 사찰에서 사불 법회를 할 경우에는 ① 삼귀의 ② 반야심경 ③ 삼배(백팔배) ④ 발원 ⑤ 정근(진언 혹은 염불) ⑥ 사불선 ⑦ 정근 ⑧ 삼배회향 ⑨ 사홍서원 ⑩ 산회가 등의 절차가 필요하다. 개인적으로도 ① 삼배(백팔배) ② 발원 ③ 정근(진언 혹은 염불) ④ 사불선 ⑤ 정근 ⑥ 삼배회향 등의 의식이 필요하다.

불상을 그리는 사람을 '불모(佛母)'라고 한다. 부처님을 만들어 내는 행위를 하는 사람이기에 부처의 어머니란 이름이 붙여진 것이다. 사불은 그만큼 성스럽고 고귀한 행위라 할 수 있다. 그런데 이러한 사불 수행은 신행과 기능이 동시에 필요하고 사불의 행위를 통하여 깨달음의 경지에 이르게 하는 지도 방법이 필요하게 된다. 사불 수행이 대중화되고 활성화되기 위하여 필요한 것은 현대에 맞는 지도 방법과 지도자의 교육이라 할 수 있다. 기능을 숙달하고 깊은 선정의 경지를 체험하여 불보살의 모습을 이상적으로 형상화 할 수 있는 지도자의 출현이 무엇보다도 중요하다. 그런데 현실은 여전히 사불을 수행이 아닌 전문적인 기능으로 바라보고 있다.

부처님을 그리는 것은 스스로의 마음속에 부처님을 닮고자 하고 나아가 부처가 되겠다는 다짐의 행위이다. 따라서 참회를 하고 스스로의 원(願)을 세우는 행위가 우선하게 된다. 자신의 오랜 업장을 소멸하기 위한 참회의 노력과 더불어 자기 마음속의 부처 즉 자심불, 자성불을 확인하기 위한 선(禪) 수행이 따르게 되는 것이다. 사불선의 중요성이 여기에 있다. 삼독심에 빠져 있는 상태에서 부처를 그릴 수는 없다. 삼독심이 가라앉고 삼매의 경지에 이른 마음속에서 불보살을 그려내기에 사불 행위가 수행이 되는 것이다.

어린이 교화에 활용할 수 있는 사불 수행

21세기를 일컬어 문화의 시대라 한다. 대중들이 선호하는 문화를 통하여 누구나 부처님의 가르침에 접근할 수 있도록 다양한 시도가 필요하다. 사불 수행법이야말로 불교계에서 취약한 어린이 교화에 적극 활용할 수 있다. 어린 불자들에게 부처님을 스스로 그려서 공양하게 하는 프로그램을 적극 개발한다면 일찍 불심(佛心)을 뿌리내리게 할 수 있기 때문이다. 그러기 위해서는 어린

이들이 쉽게 그릴 수 있는 다양한 불보살의 초본이 만들어져야 할 것이다.

어린 불자들에게 이렇게 사불 수행을 권할 수 있다. 석가모니부처님, 비로자나부처님, 아미타부처님, 미륵부처님, 관음보살, 문수보살, 지장보살, 약사여래 등 여러 불보살들에 대하여 충분히 설명함으로써 불보살의 무한한 자비심을 느끼게 하고, 스스로 그 분들을 닮게 하는 원을 세우게 하는 것이다. 그리고 자신이 원하는 불보살의 초본을 가지고 사불 수행의 의식에 따라 사불을 하게 한 다음, 자신이 그린 불화를 스스로 세운 원과 함께 부처님께 공양하는 것이다.

이렇게 사불 수행을 통하여 어린 불자의 마음속에 불보살이 항상 함께 할 수 있도록 한다면, 우리 불교의 미래가 얼마나 밝아지겠는가!

불교상담

현대 불교대중화의 새로운 시도

현대인에게 사찰은 상담의 장소

사찰을 찾게 되면 우선 법당에 가서 예불을 하고 스님을 만나 마음속의 고민에 대하여 상담하기를 원한다. 부처님의 가르침에 대하여 묻기도 하지만 대개는 가족 간의 불화나 갈등 혹은 부모의 건강과 남편의 승진, 자녀의 취직과 입학 등에 대하여 이야기를 나눈다. 현대적인 눈으로 보면 일종의 인생상담이다.

몇몇 큰 사찰을 제외하면 주지스님의 상담기술과 능력이 사찰 운영에 있어서 중요한 비중을 차지한다. 비록 방편이긴 하겠지만 많은 사찰들이 신도들의 신행을 지도함에 있어서 역술에 의존하기도 한다. 이사를 할 때나 취직을 할 때나 건강상의 이유로 부적을 그려 주기도 한다. 불교 외적인 방편이 사찰에서 행해지고 있는 것이 어제 오늘의 일이 아니다.

기복적 신행보다 현대인에게 맞는 체계적 불교상담술의 필요성

　　　　　무엇이 문제일까? 여러 원인이 있겠지만 그중 하나는 불교 교화에 있어 제대로 된 불교상담술이 없었기 때문이다. 적어도 교화승과 포교사들은 현대인에게 맞는 전문적이고 체계적인 불교상담술을 개발하고 시행해야 한다. 고등교육을 받은 세대들이 사회의 주역으로 등장하면서 점차 불교계에서도 상담의 중요성이 증가하고 있기 때문이다. 즉 불교 신도들의 생활수준과 지적수준이 높아지면서 단순히 기복불교적인 신행에서 부처님의 가르침에 입각한 신행과 수행에 대한 욕구가 생기게 된 것이다.

"상담이란 도움이 필요한 사람이, 전문적인 훈련을 받은 사람과의 관계를 통하여 자기의 생활 과정 속에서 발생한 문제를 해결하고, 감정과 생각과 행동의 측면에서 인간적 성장을 위해 노력하는 학습과정이다."라고 현대 상담심리학에서는 정의한다. 상담이란 '도움을 청하는 내담자'와 '도와 주는(전문적인 훈련을 받은) 상담자' 그리고 '두 사람이 서로 얼굴을 마주 대하는 대면관계'의 세 가지가 충족되어야 함을 말한다.

이러한 점에서 본다면 분명 석가모니부처님은 훌륭한 상담자였다. 이는 부처님이 개인이나 대중들을 교화하였던 방법을 살펴보면 금방 알 수 있다.

교화자이자 상담자로서의 부처님

부처님의 교화법은 크게 위의교화와 설법교화로 나눌 수 있다. '위의교화'란 말을 사용하지 않고 상대방을 감화시키고 마음을 깨닫게 하는 방법이다. 마하가섭에게 염화미소로 선을 전하였던 것이 대표적인 위의교화라 할 수 있다. '설법교화'란 말을 통하여 깨닫게 하는 교화방법을 말한다. 설법을 통하여 교화를 하는 데에 있어서도 석가모니부처님은 그 대상의 근기에 따라 다양한 방법을 사용하였다.

설법교화의 방법으로 비유와 인연담을 들 수 있다. 비유는 가장 많이 구사한 방법으로 부처님은 적재적소에서 절묘한 비유를 통하여 상대방의 이해를 돕고 자신의 가르침을 쉽게 공감하게 만들었다. 또 설화의 형식을 띤 인연담을 들려줌으로써 어떤 사실에 대한 유래와 본원을 알게 하고 그것을 통하여 자신의 현실과 과거를 반성하고 미래에 좋은 결과를 얻을 수 있도록 삶의 변화를 유도하였다.

그리고 문답법이 있었는데 대화를 통하여 깨닫게 하는 방법을 말한다. 그 중 일향기(一向記)란 상대방의 질문이 적절한 때에는 그대로 긍정하는 방법을 말한다. 분별기(分別記)란 질문에 대해 이치를 따져 그에 알맞은 대답을 하는 방법을 말한다. 반힐기(反詰記)란 질문을 받고 곧바로 대답하지 않고 오히려 반문과 따지는 것을 통하여 상대방의 잘못된 이해를 깨달아 알도록 하는 것을 말한다. 사치기(捨置記)란 이치에 합당하지 않는 질문은 대답하지 않고 침묵하는 것을 말한다.

마지막으로 전의법(轉義法)이 있다. 이는 환골탈태법으로 상대방의 견해를 부정하지 않고 그 형식을 긍정하면서 교묘하게 그 내용을 전환하여 새로운 의미를 부여하는 방법을 말한다.

이러한 부처님의 교화방법을 살펴보면 진리를 깨달은 스승으로서 위대한 점은 말할 것도 없고 진리를 전달해 주는 교화자, 상담자로서 뛰어난 능력을 지니신 분이란 것을 알 수 있다. 근기에 따라 법을 설한 대기설법(對機說法)이기에 병에 따라 약을 주는 응병여약(應病與藥)이라고도 하였다. 또 순서에 따라 법을 설하시는 차제설법(次第說法)으로 외도나 불법을 모르는 사람들도 불법의 깊은 진리를 깨닫도록 유도하였다.

이론의 토대로서 유식 공사상과 심리치료의 기제로서 주요한 수행법

불교란 깨침과 자비의 종교이다. 나와 남이 둘이 아니라는 깨침의 세계에서 동체자비의 실천은 자연스럽게 나오게 된다. 상담이란 상담자가 내담자를 일방적으로 가르치는 것이 아니라 내담자의 이야기를 들어주고 함께 하는 데에서 출발한다. 기쁜 일을 같이 기뻐하고 슬픈 일을 같이 슬퍼하는 것이 자비이다. 불교에 있어서 상담술이 기술이 아니라 수행으로써 자리매김할 수 있는 이유도 여기에 있다.

불교상담에 대한 관심은 불교 내부의 필요성에도 불구하고 현대 상담심리학의 자극에 의한 측면이 있다. 상담심리에 종사하는 전문가들 중에 명상이나 불교교리에 관심을 가지고 불교와 상담, 심리학의 연관성을 찾기 시작한 것이다. 이러한 자극이 불교계에 전해지면서 불교계 내부에서 불교적 상담기법을 정립하고 이를 불교 신행과 포교, 심리치료에 활용하고자 하는 움직임이 나타나게 된 것이다.

대한불교조계종 불교상담대학은 불교상담전문가를 육성하여 현대인의 생활 및 심리적 문제를 해결하고자 설립된 대한불교조계종 포교원 인가 특수교육기관이다. 동국대학교에 상담학과가 개설되어 있고 동방대학원대학에는 명상요가학과가 개설되어 있다. 또한 최근에는 명상과 참선을 통한 심리치료에 대한 전문학회인 명상치료학회

가 발족되었으며, 2003년 개원한 명상상담연구원은 불교의 수행법
과 에니어그램 등을 접목한 심리치료 프로그램을 70여 차례 진행하
면서 명상치료의 탁월한 효과를 입증해 가고 있다.

　불교상담, 불교상담심리학, 명상치료 등은 현대사회에서 불교를
대중화시키는 데 큰 반향을 불러올 수 있는 분야이다. 부처님의 기본
가르침, 유식과 공사상 등이 불교상담 이론의 토대가 될 것이며, 위
빠사나, 간화선, 염불 등 전통적으로 주요한 수행법이 심리치료의 주
요한 기제가 될 것이다. 따라서 불교상담에 대한 전문적인 훈련이 바
로 현대적 불교수행이라 할 수 있다.

후기

　귀의 삼보하옵고, 이 책이 나오기까지 많은 분들의 도움이 있었다. 먼저 글을 연재하게 해 준 《만불신문사》의 사장님과 담당 기자분들께 감사를 드린다. 그리고 이 책의 출판은 조계종 불학연구소의 연구원과 보조사상연구원의 실장으로 있으면서 수행자와 수행단체의 사람들을 만날 수 있었기에 가능하였다. 보조사상연구원의 현호 스님, 법산 스님, 인경 스님, 보경 스님, 류광춘 간사와 불학연구소의 화랑 스님, 철우 스님, 박희승 차장, 고명석 과장, 최은미 씨에게 감사를 드린다.

　무엇보다도 불교 수행의 안목을 가지게 해 준 고우 스님, 혜국 스님, 의정 스님을 비롯한 선원장 스님들께도 머리 숙여 감사드린다. 항상 가까이서 같이 공부하고 토론하고 비판해 주는 동료 학자분들과 특히 직접 수행하고 계시고 체험했던 소중한 내용들을 알려 주신 많은 분들께도 감사의 말씀을 드린다. 아울러 불교학의 안목을 키워주고 지도해 주신 강건기 교수님을 비롯한 여러 스승님들께 감사드린다. 그리고 연재했던 글에 다시 생명을 불어넣어 이렇게 하나의 책으로 만들어 준 민족사에 감사드린다.

비가 오나 눈이 오나 365일 새벽마다 예불과 독경을 놓지 않으시는 아버님, 항상 변함이 없는 마음으로 살아가시는 어머님, 그 긴 방황의 시간을 아무 소리 없이 큰 믿음으로 지켜봐 주셨던 누님, 평화롭게 종교적 삶을 꾸려 가시는 장인·장모님, 영혼의 친구이자 삶의 동반자인 사랑하는 아내, 그리고 사바세계와의 긴장의 고삐를 놓지 못하게 하는 나의 사랑스런 두 아들, 나무와 곤충을 사랑하는 인천이와 친구를 좋아하고 축구를 사랑하는 시은이에게 머리 숙여 감사드린다.

계족산의 소나무, 계룡산의 바위, 구봉산을 붉게 물들게 한 진달래, 눈을 뜨면 창가에 비치는 아침 햇살, 망일산 저녁 산책길에 나의 몸을 휘감는 어두움, 노란 꽃잎이 떨어진 자리에 수줍게 솟아나는 개나리의 푸른 잎, 나의 몸속 그 무엇을 꿈틀거리게 하는 한밤 가로등에 비친 화사한 벚꽃, 구봉산 아래 무수히 모여 있는 무덤들에게도 감사드린다.

불교수행법

초판 1쇄 인쇄 | 2009년 10월 6일
초판 1쇄 발행 | 2009년 10월 12일

글쓴이 | 김방룡
펴낸이 | 윤재승
펴낸곳 | 민족사

책임편집 | 김창현
마 케 팅 | 성재영 윤선미
본문 및 표지디자인 | 김형조

등록 | 1980년 5월 9일(등록 제1-149호)
주소 | 서울시 종로구 수송동 58번지 두산위브파빌리온 1131호
전화 | 02)732-2403~4
팩스 | 02)739-7565
E-mail | minjoksa@chol.com
홈페이지 | minjoksa.org

ISBN 978-89-7009-518-9 03220